U0931303

北方大儒

郝尊 著

乙巳年张[illegible]题

河北大学出版社
·保定·

出 版 人：马　力
封面题字：张　虎
责任编辑：王殊宁
装帧设计：王占梅
责任校对：蔡文涛
责任印制：常　凯

BEIFANG DARU

图书在版编目（CIP）数据

北方大儒 / 郝尊著． -- 保定：河北大学出版社，2025．5． -- ISBN 978-7-5666-2673-8

Ⅰ．K825.41

中国国家版本馆 CIP 数据核字第 2025KY2079 号

出版发行：河北大学出版社
地址：河北省保定市七一东路2666号　邮编：071000
电话：0312-5073003　0312-5073029
网址：www.hbdxcbs.com
邮箱：hbdxcbs@163.com
经　　销：全国新华书店
印　　刷：保定市北方胶印有限公司
幅面尺寸：170 mm × 235 mm
字　　数：224 千字
印　　张：17.25
版　　次：2025 年 5 月第 1 版
印　　次：2025 年 5 月第 1 次印刷
书　　号：ISBN 978-7-5666-2673-8
定　　价：68.00 元

内容提要

这是一本写传统文化的长篇历史小说。

作品的主人公鹿善继是明末重要政治家、思想家、教育家。字伯顺，号乾岳，定兴县西江村人。生于明万历二年（公元 1575 年），卒于崇祯九年（公元 1636 年）。鹿善继是万历癸丑（公元 1613 年）进士，历任户部主事、兵部职方、员外郎、郎中、尚宝寺卿、太常寺少卿等官职，崇祯三年（公元 1630 年）弃官还乡，从事著述。崇祯九年，清人南侵，兵至定兴，鹿善继毅然辞家入城，与县民共图守御。兵围六日，城破，鹿善继被执，不屈而死。

鹿善继学本姚江，一生崇尚王阳明的学说，青年时期，祖父为他购得一本王阳明的《传习录》，此后，他一生致力于学习、传播、实践、发展王阳明的思想。他是王阳明的传人，一生之中，无论思想、事功，都以王阳明的学说为指导，“事事不亏本分，时时不愧本心”。他的一生，很多时候都在讲学，著述颇丰，他的刊行于世的著作有十一种，主要有《认真草》《四书说约》等，其中《四书说约》是中国儒学史上的重要著作。

目　录

第一章　北海孤亭

在北京以南二百里的地方，有一个定兴县，由于地处京畿，古时候，称为畿辅。这是一块风水宝地，战国时期，燕昭王所建的黄金台就在定兴；晋代名将祖逖的故乡也在定兴，元代著名剧作家王实甫也是定兴人。从京城往南，有一条通衢大道，沿着大道，大约十里一店，比如长辛店、窦店、松林店、高碑店、北河店……这些“店”相当于驿站。北河店村北是北易水、中易水和拒马河交汇处，交汇处往东便是白沟河了。文天祥诗中的“过白沟河”，其实就是这里。北河店往南大约十里处，路东有一个西江村，这个西江村，明清两代有一个显赫一时的名门望族鹿氏。这鹿氏自明朝永乐初年由河北滦平小兴州迁徙至此，从第一代始祖鹿荣开始，经过五代的耕读生涯，鹿荣的五世孙鹿府，号龙江，曾封文林郎，任过襄垣县知县。到明神宗万历年间的1580年，鹿家出现了第一名进士——鹿久征。此后，先后产生了十二名进士，明、清两代的朝廷里，从来不乏鹿氏大臣的身影，到了清朝末年，还出现了一个军机大臣鹿传霖，官不可谓不大。

但是，我们要讲的故事的主人公不是军机大臣鹿传霖，也不是第一代进士鹿久征，而是鹿久征的孙子鹿善继。此人在定兴县志的定位是：明文学家。这样的定位其实是不全面的，原因是多方面的，也许是县志编纂者没有深入研究鹿善继的历史贡献及其著作，也许是清初北方三大儒之一的黄宗羲一句论断——明季“北方无儒”，所以他就被后来的儒学研究者忽略了。其实鹿善继应该是明代重要的思想家、教育家、政治家。他是王阳明学说在北方的主要传播者，即人们所说的“燕南王门”。他的《四书说约》在中国儒学史上也是一部重要著作。我之所以要讲鹿善继，是要给他一个基本真实的历史定位，还他以“庐山真面目”。还有就是我对他的一缕敬仰之情。

故事要从北海亭讲起。在西江村村北，有一个孤立的院子，青堂瓦舍，面积很大。院子南面，有一片大约十来亩大的坑塘，据说是北河店村边的白沟河发水时形成的。江村地势低洼，在定兴有江村洼之称。院子里有一个亭子，是整个院子的标志性建筑，再加上门前的坑塘，所以就叫北海亭，后来纳入定兴八景之一，就称作北海孤亭。天启六年，茅元仪被放逐到西江村的时候，曾经给北海亭改为乾坤北海亭，也没有叫开，所以北海孤亭的名字沿袭至今。北海孤亭应该是建于 1580 年鹿久征中进士之后，在河南息县做了六个月知县，恰逢母亲去世，丁母忧在家守孝期间，为他的孙子鹿善继读书所建。

鹿久征非常喜欢他的这个孙子，史书上说鹿善继“生而凝重，少不嬉戏”。当地有一个风俗，孩子周岁的时候，在孩子身前放上玩具、书籍、笔墨等，让孩子去抓，看他抓什么，以此预测孩子今后的人生道路。鹿善继周岁的时候，鹿家也做了一次测试，结果鹿善继抓了书籍，这就更令鹿久征对这个孙子爱如掌上明珠，寄予厚望。于是，以耕读世家的财力，倾其所有，为鹿善继建造了这座院子，而且“不令就塾，师庭训焉”，即不进私塾，自家教育。好在鹿善继的父亲鹿正虽幼读诗书，却没有入仕，一直在家经营稼穑，倒也足以做鹿善继的启蒙老师了。鹿正虽未做官，但他生性急公好义，为了别人的事不惜豁出身家性命去帮助，所以人称鹿太公。更何况当时鹿久征在家为母亲守孝，鹿善继也可以“从祖父受章句”。

转眼间到了万历四十一年春天，三十九岁的鹿善继参加这一年的会试中了进士。这对于鹿家是一个天大的喜事，也是定兴县的一件大事，前几天喜报送到西江村的时候，整个村子鞭炮齐鸣，爆竹声响彻云霄，招待完宫廷里报喜的使者，全村的乡亲都来贺喜。鹿家在北海亭大摆宴席，整整热闹了好几天。今天是鹿善继去朝廷报到的日子，前来送行的就只有鹿善继的亲朋好友了。让我们走进北海亭的客厅里，时间还早，客厅里只有鹿善继的好友，容城的孙奇逢，字启泰；新城县白沟的张果中，字于度。宽大的客厅里正面是一张八仙桌，八仙桌后面是条案，上面放着掸瓶、茶叶罐、线装书籍。条案上方，有一幅王阳明的手书：“此心光明。”这是鹿久征在任江西道监察御史的时候，千方百计从王阳明剿匪的赣南搜寻来的，鹿善继把它视为北海亭的镇宅之宝，仔细装裱之后，郑重高悬于客厅正中。八仙桌两边有两张太师椅，鹿正坐在主位，孙奇逢坐在客位上，和鹿正有一搭没一搭地议论稼禾。张果中坐在旁边的椅子上。鹿善继的儿子鹿化麟则来来回回地忙着端茶倒水。

孙奇逢骨架子大，个子高，嗓音洪亮，两眼偶尔一转，把他的睿智显露无遗。他这年三十岁，小鹿善继九岁，十四岁“文名蔚起”，鹿善继亲赴容城拜访，与之结交，两人遂成为莫逆之交。只是在科考中命运似乎对他格外苛刻，二十二岁，孙奇逢赴京应试，途中闻父亲过世，随即弃考归乡。一准古制，服丧服，筑室墓旁，为父亲守丧三年。偏偏祸不单行，三年期过又遭母丧，孙奇逢心伤之余，一仍父礼，为母亲服丧三年。为此，鹿善继还亲赴容城，以王阳明的“不动心”说相劝慰。不过，孙奇逢的“倚庐六载”，却赢得了乡亲们的赞誉。仕途无望，他这几年一直在京门讲学，一边讲学，一边潜心研究理学，著述颇丰，明朝灭亡后，清廷屡召不仕，人称孙征君。与李颙、黄宗羲齐名，合称明末清初三大儒。这是后话。

张果中是新城县白沟镇人，1588年生，父亲死得早，他又不受母亲待见，经常遭受打骂，他仍然尽心尽孝，并且在家庭非常贫困的情况之下，把三个弟弟一个妹妹抚养成人。后来，张果中还曾受教于给事中魏大中，也为提学左光斗赏识，鹿善继和孙奇逢都很欣赏他，孙奇逢守墓时和鹿善继商量，把自己的侄女也是鹿善继的甥女嫁给了张果中。此后，张果中一直不离不弃地追随孙奇逢，“入山入水，在家在外，五十年未尝或离”。

我们的主人公此刻正在西江村村南的鹿氏祖坟，虔诚地跪在鹿久征坟前，向爷爷辞行。今天就要到京都去了，临走之前他要在爷爷坟前烧些纸钱，向爷爷告别。前几天收到喜报的时候，他第一时间就到这儿把喜讯告诉了爷爷。爷爷是他此生的引路人，那个慈眉善目的老人，与其说是个朝廷官员，更是个慈祥的爷爷，在他还是个孩童的时候，就为他建起了北海亭，供他读书，在爷爷为曾祖母守孝期间，更是亲手教他识字。几次的乡试落第，都是爷爷当面或写信安慰他，人生不可能是一帆风顺的，这次不中，下次再来，还以王阳明“世以落第为耻，吾以不得第动心为耻”激励他。鹿善继二十岁那年乡试因“场中题未得解”不中，回家以后，搜罗诸家注义中有引用王阳明《传习录》中的语录者，就抄录下来，时时吟诵，爱不释手，鹿久征听说以后，从江西道监察御史任上为他购得一部《传习录》寄回家来，并附上一封情深义重的信：“看字有曾点漆雕开，已见大意，意思扩充得去，便是天地间第一等人，眼前功名无论也。”鹿善继如获至宝，潜心研读，“寝食其中，慨然有必为圣贤之志”。在他看来，这等于为他打开了一扇通往圣贤的大门。特别是在万历二十四年之后，鹿久征因上疏建言，得罪了皇上，谪判泽州，鹿久征索性回到家里，耳提面命，一门心思地当起了鹿善继的老师。在三十二岁那年，由于初步领悟了王阳明的思想，乡试得以中举。不幸的是，第二年，1607 年，万历二十七年，爷爷去世了。六年之后，鹿善继进士及第，他也只能在坟前告慰爷爷了。鹿善继跪在坟前对爷爷说：“爷爷，我今天就要走入仕途了，我会记住爷爷经常教诲的话，‘为天地立心，为生民立命，为往圣继绝学，为万世开太平’。以宋朝张载的名言为座右铭，做一个好官，对得起鹿家的列祖列宗。”他虔诚地磕了四个头，这才站起身来。直到这时，我们才看到，这位三十九岁的进士，是个身材高大，沉稳凝重，一举一动都透着大气的人。鹿善继顺手给旁边的曾祖父鹿府烧了纸钱，然后穿过村子，回到北海亭。

鹿善继一进北海亭，就看见门外停着一辆轿车，他熟悉这辆车，一进门，果然县令毕自肃站起来拱手道：“冲阳拜见新科进士。”

鹿善继也拱手答礼："伯顺谢老父母百忙之中前来送行。"

毕自肃一笑："进士及第，全县之喜，冲阳自当前来道贺。"

毕自肃，山东淄川人，进士出身，前几年就任定兴县令，倒也清正廉勉，是个好官，和鹿家过从较多，大家都很熟悉，所以他今天穿得很随便，没穿官服，以示自家之人，以个人名义前来祝贺之意。这有利于今后的交往，久经世事的毕县令，岂能不谙熟此道。他个头与鹿善继相仿，眼里透着精明和正直。看看时候不早，家里的轿车已停在门外，毕自肃起身道："是时候出发了，你今后在朝为官，当尽职尽责，家里的事有我帮太公打点，你尽可放心。"

鹿善继点点头，起身和众人告辞，回顾孙奇逢："启泰，你不是要回京门吗？一块儿走吧。"

孙奇逢点点头，拿起自己的行李："于度也一同前去。"

众人刚要出门，忽听家人报到："太子殿下派王安公公来接新科进士入朝！"

众人皆是一愣。

第二章　初识孙承宗

众人迎出门来，只见一辆豪华的轿车驶进门来，宫廷里的座驾叫作辇。车上跳下来一位太监模样的人，习惯性地弯着腰，拱手道："老奴王安，奉太子之命接新科进士鹿善继进京。"

鹿太公还礼："公公辛苦。"

鹿善继也拱手说道："请公公进屋喝茶。"

众人回到客厅，鹿化麟重新沏茶倒水。

茶过三巡，王安起身道："时候不早了，请新科进士移驾。"

众人起身，鹿正从里屋拿了一个红包出来："些许心意，请公公买包茶叶喝。"

王安赶忙推辞："老奴奉命行事，断不敢收受礼物。"

推让数次，见王安坚辞不受，鹿正只好作罢。鹿善继重新与众人告辞，孙奇逢、张果中上了车。鹿善继随父亲和毕自肃步行走出院子，看着这生活了三十多年的北海亭，看着这故乡的田野，已经拔节的麦子，心中还是有些留恋的。

鹿正扬了扬手，说道："上车吧。"

毕自肃说："伯顺保重，官场凶险，谨言慎行，记得如临深渊，如履薄冰。"

鹿善继感动地点点头，没有说话，重新与父亲和毕自肃拱手作别。

轿车向西直奔通衢大道而去。鹿善继坐在车上，看着路边匆匆掠过的杨柳树，两只喜鹊从轿车上空飞过，喳喳地叫了两声。他心头一阵激动，对未来充满了向往。

车到京门，孙奇逢和张果中先行下了车，然后，轿车一直向紫禁城驰去。

一走近这红墙绿瓦，看到那巍峨的宫殿，鹿善继感到心里一震，有一种如梦如幻的感觉。这是他向往多年的地方，这是大明朝政治、文化的中心。这是皇上住的地方，也是他爷爷工作过的地方。这里聚集着全国各地的精英，帮皇上管理、决策着大明朝的重大事务，他有幸进入庙堂，进入朝廷的圈子，他感到幸运，也感到骄傲，有一些壮怀激烈的心绪，很自然地想到范仲淹的“居庙堂之高，则忧其民；处江湖之远，则忧其君”。他决心好好做事，帮皇上把大明朝治理好。

太子府。王安把鹿善继引入偏房，宫女沏上茶来，王安扭头问宫女：“太子歇息了吗？”

宫女答道：“歇息了。”

王安说：“请中允大人过来吧。”

鹿善继坐在太师椅上，打量着房间的陈设，他发现房间里除了必要的家具，如桌椅板凳、文房四宝之类，没有一件与皇室相匹配的奢侈品，简直可以用简陋来形容。他参加过两次会试，也曾听人们念叨过，皇上不喜欢长子朱常洛，迟迟不肯确立太子，朝中大臣们发起了“争国体”的运动，群起上书，锲而不舍，历经多年，万历皇帝妥协了，立了太子，但仍然不冷不热，只给他派来一位老师——太子中允。

鹿善继正在打量着房间里的陈设，只听门外朗声一笑："哈哈，小老乡，你终于来了。"

一脚迈进门来的人让鹿善继一愣，此人相貌奇伟，胡须张开，像戟一样，乍一见就让人想起张飞的形象。

王安忙着介绍："太子中允……"

来人抢过话来："孙承宗。高阳老乡。"说完拱手施礼。

鹿善继赶忙还礼："久闻大名，如雷贯耳。"

孙承宗大手一挥："既是老乡，不必客气，请坐。"

王安说："今天的事，就是中允大人向太子借车去接阁下，中允大人已经等你一天了。"

孙承宗说："不，我等你整整六年了。"

鹿善继不解地看向孙承宗。

"万历三十五年，你来参加会试，我看了你的卷子，虽然略显稚嫩，但可以看出你日后绝非池中之物，自会有登科之日。那年我刚来太子府，小太子出生不久，宫里派来的两个奶妈都不合适，我就请王公公悄悄地去找你，托你从老家物色一个奶妈过来。"

听到这里，鹿善继总算明白了。就问："那奶妈合适吗?"

"合适，她和小太子挺投缘，小太子须臾也离不开她，如今，小太子已经到了读书启蒙的年龄，还整天缠着她吃奶，连读书都要她陪着。"说完轻轻一笑。

孙承宗嘉靖四十二年生，比鹿善继大了 12 岁，高阳县人，都属于保定府，高阳与定兴相隔一百多里，所以孙承宗称他为老乡；万历三十二年会试高中进士第二名，授翰林院编修，朱常洛受封太子以后，才调过来任太子中允，给朱常洛当起了老师。太子中允官位在中庶子之下，太子洗马之上，是五品下的地位。在这之前，孙承宗在大理寺右丞和兵备道房守士家中做家庭教师，后来房守士升任大同巡抚，孙承宗也跟着去了。当时大同是明朝的边境重镇，战事不断，孙承宗虽然是家庭教师，但对于战事很有兴趣，经常和士兵以及下级军官们交谈，渐渐对边关的军务有了很深的了解。再后来他忽发奇想，不甘心当家庭教师了，想在官场这池浑水里一试身手，就参加了会试，一举夺得了第二名。

帮人办了件事，完了也就完了，鹿善继不想多说。

孙承宗见状，岔开了话题："你今科的试卷我也看了，对王阳明的心学有了较为深刻的见解。"孙承宗曾任翰林院编修，自然能够看到考生的试卷。

鹿善继诚恳地说："还请指教。"

"指教不敢。"孙承宗道，"王阳明的心学，说复杂也复杂，说简单也简单。按照你的说法，王阳明心学的核心是修心，'圣人之道，吾性自足，不假外求'。心是统领，人的想法、行为都是由心决定的，人的心，最初都是'良心'，只是在生活中受环境的影响，受他人的影响，甚至受生计的影响，掺杂进了'惧、忧、惑'，产生了许多欲望，人心才不再纯粹，有了杂质，这些欲望，使人心变坏，在人心的驱使之下，做一些不该做的事情。所以要'格'，格物就是修心，存天理，去人欲，让心回到'理'，使心'致良知'。社会生活随时都会影响'良知'，所以要经常地学习，一边学，一边实践，'知行合一'逐渐形成习惯，一旦心受到干扰，就会立即感知，立即排除，此心光明，物来必照。人在生活当中，经常会遇到一些麻烦，一些不如意的事情，比如职务的升降，同事的矛盾，家人生病……这就需要‘不动心’，把喜怒忧思悲恐惊都排除在心外，保持一颗平常心。这整个过程就是修心的过程。对吗?”

“对，求一个此心过得去，便是理。”

“受教了。听君一席话，胜读十年书。我们既是老乡，又是朋友，日后还请多多指教。”

“不敢，您是前辈。请多指教。”

两人正在客套，门帘一挑，一个女子闪身走进来，看了鹿善继一眼，纳头便拜：“小女子拜见恩人。”

鹿善继一惊，此人是谁？忙说：“请起。”

孙承宗一笑：“客氏。不认识了?”

鹿善继仔细端详了一眼，眉眼倒还像，只是更加漂亮，更加妩媚，穿着光鲜，举止得体，俨然不是当年那个落难的庄稼女人了，难怪乍一看没有认出来。“原来是老乡，一晃几年过去了，有些眼生。在宫里这几年，过得怎么样?”

“托恩人的福，过得挺好。”

“那就好。”

客氏一边施礼说：“听太子中允说，恩人高中进士，小女子道贺了。今后在朝为官，还请看在老乡的面子上，多多关照。”

鹿善继拱手说道：“彼此彼此。”

客氏端起茶壶，款款走近鹿善继，给他倒了一杯水，又给孙承宗满上，后退两步说道：“小女子告退。”又后退两步，一转身，轻轻走出门去。

第三章　月黑风高夜

万历三十五年，鹿善继参加了会试，没有考好，落第了。他和一般考生一样，住在旅店里，正准备收拾行李回家，同屋的考生告诉他，宫里有人来找。鹿善继顿时感到诧异，他不认识宫里的人，是谁这个时候来看他？推门一看，见是宫廷里的一位公公，有些眼生，他把来人让到屋里问道："公公来此，有何见教？"

来人弯腰拱手道："老奴王安，受人之托，有事相求。"

"请讲。"

王安坐下说："年前太子殿下生了一位小太子，宫里派了两个奶妈，小太子连她们的奶都不吃，太子很着急，太子中允查看了今年考生的档案，得知有一位定兴老乡，就派我前来求助。自知有些唐突，请先生见谅。"

"急人之难，我会尽力的。"

"拜托。"王安留下了联络方式，就匆匆回宫去了。

鹿善继继承了鹿正的急公好义，受人之托，忠人之事，从京都回来之后，他走遍了亲朋好友，委托他们物色奶妈。这天他骑马去了新城县的白沟找张果中，请他帮忙。前面说过，张果中的媳妇是鹿善继的外甥女，死乞白赖要留舅舅和张果中喝酒，并且说：“又不给你费事，菜是自己种的，肉是自己腌的，鸡蛋是自己下的……”说到这里，自知失言，脸先自红了。

逗得鹿善继扑哧一笑。看来这酒只能喝了。

酒逢知己，两人直喝到黄昏之后，看看天色向晚，鹿善继赶忙告辞。

张果中怕他半路出事，再三挽留。鹿善继说：“没事，老马识途。”

鹿善继骑马走到定兴最东边的谭城村，天已经大黑了，正是朔日，天上没有月亮，只有满天星斗神秘地眨着眼睛，那满天星斗，仿佛闪烁着一幅神秘的图腾。他借着淡淡的星光，顺着河边的堤坡逶迤前行。忽然他听到堤坡下有女子轻轻地哭泣声：“儿啊，你好命苦啊，刚一出生就遭受这样的罪孽，不如跟娘一块儿走吧。”接着，又是撕心裂肺地哭泣，过了一会儿，就听到扑通一声水响。鹿善继知道，有人跳水了。他立刻跳下马来，向水声奔去。星光下，只见河里一个挣扎的身影，他想也没想，一头扎进河里。北海亭前面的北海，使他练就了最基础的游泳技能，他奋力地向人影游去，游出好大一截，他才抓住那人的衣服，慢慢地把人拖上岸来，他抱住那人的腰，头朝下，慢慢把肚子里的水控出来，然后把那人平放在堤坡上。这时他才感觉到很累，一下子平躺在地上。

不知道过了多久，他感觉那人动了，赶忙坐起来，问道：“你醒了？”

那人歪了歪脑袋，哽咽着说：“大哥，你不该救我。”

鹿善继劝慰道：“有什么大不了的事，值得要死要活地寻短见？好死不如赖活着。”

女子长叹一声："唉，大哥你是不知道，女人活着，难哪！"

鹿善继问道："你贵姓，怎么称呼？"

女子答道："贱姓客，小字印月。"

"哪个村子的？我送你回家吧。"

"大哥你别问了，我死也不回那个家了。"

在鹿善继的一再追问下，客氏讲述了她的遭遇。她原来是谭城村一个大户人家的丫鬟，由于有些姿色，被大户人家的男主人糟蹋并且怀了身孕，女主人发现以后，把她赶出来了。男主人无奈，找到本村的光棍侯二，把她嫁给了侯二。这侯二是个地痞无赖，除了喝酒赌博无所事事，有了客氏以后，打老婆又成了他的另一个生活内容。客氏怀胎十月，生了一个女儿，侯二见"野种"是个女儿，是个彻底的赔钱货，不知从哪儿找来一个蒲包，就把婴儿活着放进蒲包里。当地风俗，不出满月的婴儿夭折，就用蒲包装了，扔到野地里招待野狗。客氏在侯二手里挨打受骂倒也罢了，如今连亲生的女儿也保护不了，她生无可恋，于是，趁侯二喝醉了酒，呼呼大睡的时候，就抱着女儿到河边投河自尽。

这时，鹿善继忽然想起来，客氏投河之前，怀里似乎还抱着一个婴儿。于是他急忙问道："孩子呢？"

"我到水里以后就撒手了。"客氏长叹一声，"这苦命的孩子，活着不如死了。"

鹿善继说："不，再怎么也是一条生命。"

客氏拗不过鹿善继，两人顺着河边找了长长的一段路，也没见孩子的影子，只好作罢。

鹿善继怕客氏再寻短见，只好说："你既然不回家，那就先跟我走吧，等我慢慢想办法。”

客氏点点头答应了。

鹿善继把客氏扶上马，自己牵着缰绳步行，谭城离西江村大约三十里地，两人到家，已经后半夜了。春夏之交四月天，衣服早已被风吹干了。

夜半敲门声，把一家人都惊动起来了。

鹿善继把缰绳交给鹿化麟，疲惫地走进屋子。王氏夫人见鹿善继半夜带一个女人回来，心中骤然涌上一丝不爽，但很快就释然了，她知道鹿善继不是拈花惹草的人。只是问道："怎么回事?"

鹿善继看到她脸上一闪而过的变化，嬉笑着说："路上捡的。"

王氏夫人也嬉笑着白了鹿善继一眼："那你们先去洗洗吧，看滚得一身土。"

客氏洗完澡，穿上夫人临时准备的衣服，举起双手向后捋着湿漉漉的长发，明亮的灯光之下，客氏相貌绝美，身材火辣，胸前双峰突兀，让鹿善继看呆了。心说，踏破铁鞋无觅处，得来全不费功夫。

夫人看鹿善继傻傻地看着客氏，就说："还不快去洗澡。"

鹿善继洗过澡，夫人已经安排客氏睡了。鹿善继躺在床上，吩咐夫人："明天请人为客氏做几件衣服，然后调教一些礼数，过几天把她送进宫去。"

第二天，鹿善继把他的想法告诉了客氏，客氏爽快地答应了。

说到礼数，客氏原是大户人家的丫鬟，一般礼数都懂，至于皇宫里的规矩，那就是王公公他们的事了。

几天以后，鹿善继派车把客氏送到京城。谁也不会想到，这个受尽欺凌、屈辱的庄稼女人，会在大明朝的皇宫里做出惊天动地的事情，以致青史留名。

鹿善继和孙承宗话逢知己，滚滚滔滔，相见恨晚，眼看时近黄昏，孙承宗遗憾地说：“我等了六年，总算等来一个知己，今天只能到这儿了，皇宫大内，不便留宿，我已给你安排了旅店，你可暂住，等日后安排了职务再说。来日方长，我会随时找你的。”

孙承宗在明朝晚期是个举足轻重的人物，这一对老乡，一见如故，惺惺相惜，竟然成了终生的朋友，日后在榆关，还有一段默契配合的日子。

第四章　周顺昌

鹿善继入朝为官，先是观政兵部，后进户部，以才望升任山东司主事、河南司主事，同时署广东司。其实朝廷也就是一个大一点儿的“机关”，不过是上传下达，往来公文，搪塞公事，鹿善继不去攀附权贵，过得倒也优哉游哉。闲暇时自己躲在住处“啃”王阳明的《传习录》，有时候去孙奇逢讲学的地方看一看，有时候孙承宗或者一见倾心的同年进士周顺昌也来住处找他探讨学问。

万历老爷子几十年不上朝了，叶向高 1614 年退休以后，朝廷里只有首辅方从哲一个人在苦苦支撑着。当时宰相不叫宰相，叫首辅。方从哲早在万历十一年中进士，在朝三十多年，已经是个老油条了。几十年来也经过翰林院编修、在东宫为太子讲学，后来又转从四品朝列大夫，国子监的司业、祭酒，后来因为司礼监秉笔太监田义让他做监生的侄子走后门当官，被方从哲拒绝，田义放话要整治方从哲，于是，性格懦弱的方从哲辞职回家赋闲。万历四十一年，万历皇帝委任方从哲为吏部左侍郎，辅佐叶向高主持会试。第二年，叶向高退休，方从哲只能唱独角戏了。虽然朝廷各部人手不齐，吏部想补，万历老爷子也不批，好在各部都没有瘫痪，没有尚书找侍郎，没有侍郎找员外郎，没有员外朗找主事，再不济还有普通工作人员，于是，这个下巴有须、脸上无肉的老家伙，就这样勉为其难着，挺过一天算一天。

鹿善继所在的户部人手倒还齐全，尚书李汝华，山东司除了鹿善继之外，还有杨嗣昌、周思兼等人。今年又来了个新科进士贾鸿洙，字孔澜，保定府清苑县人，也算是个老乡。此人后来大有作为，官至陕西提学，当然，这是后话。杨涟已经从常熟知县入朝，任户部给事中，专管稽察之类的事情，六品。也许由于工作性质不同，也许是性格的原因，杨涟和其他同事接触很少，总有一种不冷不热的感觉，人们也就和他不冷不热地相处，不过此人倒还正直，也敢仗义执言。

一晃鹿善继在朝中已经混了三年，对于这样无波无澜、百无聊赖的日子，他也适应了，他已经在东城寻下一个四合院，把妻子王氏和母亲接到京城，留下儿子鹿化麟照顾太公。他本来也想把父亲接来，无奈家族的一大片产业太公实在放心不下，再说鹿化麟也需要太公指点学问，也就只好让父亲留下来了。在这三年的时间里他把王阳明的《传习录》啃得滚瓜烂熟，也正在用王阳明的观点结合自己的理解阐释四书。更多的时候，是到他的好友周顺昌那里谈诗论画。

周顺昌是江苏吴县人，吴县就是今天的苏州市。最初授福州推官，最近回到朝廷，提拔为吏部稽勋主事，两人一见如故，过从甚密。鹿善继第一次由孙奇逢陪同去周顺昌的住所拜访，见他左琴右剑，萧然独坐。周顺昌说："诸葛武侯，鼎立三分，泪滴千古，不都是从淡泊宁静中来吗?"见他谈吐不俗，鹿善继心里很是高兴，从袖子里拿出杨继盛的一本诗集，送给周顺昌，顺便附了一首小诗。周顺昌迫不及待地展开诗笺，只见上面写道："雨过梧桐秋色深，中原我辈正披襟。鉴裁不失真人气，慰藉何殊空谷音。全热肺肠偏冷眼，半皤鬓发自丹心。寰中第二非吾事，好向椒山句里寻。"周顺昌看完，击节道："好，好，好诗，好一个'寰中第二非吾事'，好气魄!"两人便从诗谈起，这个看似言语不多的吏部主事，好容易遇到了知音，打开话匣子就如同江河之水，滚滚滔滔，最后竟拿出自己编纂的诗集，请鹿善继作序，鹿善继爽快地答应了。

临走，鹿善继发现书案上有一幅画，浓重的墨色挥洒出一片乌云，乌云压在山顶上，山顶上用工笔勾勒出一个小小的亭子。鹿善继乍一见到，心里猛然震动了一下，随口问道："你画的?"

周顺昌点点头："咋样?"

"太棒了!"

"好在哪儿?"

"势。"

周顺昌伸出大拇指："知我者，伯顺也。送给你吧。"

鹿善继摇摇头："君子不夺人所爱。"

"什么意思?"

"此画必为传世之作。"

周顺昌深以为然。沉吟了一下："我给你复制一幅吧。"

鹿善继又是摇头："你复制不了。"

"为什么?"

"一幅艺术作品的诞生，是以情绪和灵感为前提的，你复制得出当时的情绪和灵感吗?"

周顺昌点头称是，最后选了一幅竹子送给了鹿善继。

鹿善继回到住所，立即拿出周顺昌的诗作展读起来，越读越高兴，不时拍案叫绝，读完，抑制不住兴奋，挥笔写成一篇《周景文制义序》：“不佞观政兵曹，与景文同舍相善也。景文质任自然，不作回互婞阿态。不佞私计即未睹若人文意，必吐露肝胆，而以风骨自胜者，已而以制义示不佞，则其人之概具在焉……景文居京师，寡追随，赴尚书期而外，左琴右剑，独坐萧然，间与不佞过谈也，盖其脱然声利，得之天性……”不佞，是自谦之词。

鹿善继评价周顺昌的诗，自然主要是从人品上论述，不过，他更喜欢的是周顺昌的画，他觉得，周顺昌的画显得分量更重一些。

在同事之间，还盛传着一则关于周顺昌的轶事，说他在任福建推官的时候，有人请他看戏，戏正在演出中，他忽然跑到台上，把一个演员暴揍了一顿，原来，这个演员演的是秦桧。

鹿善继听了，付之一笑：“这事，也只有景文才干得出来。”

随着时间的推移，两人由笔墨之交变成了莫逆之交。

第五章 金台行

清明节前夕，在京门开馆讲学的孙奇逢来约鹿善继回定兴游览黄金台，他听说最近几年黄金台进行了修葺，已经焕然一新。鹿善继也有一段时间没回家了，欣然答应。他在向李汝华请假的时候，被同事们知道了，大家也嚷嚷着一同前去，顺便看看鹿家的北海亭。鹿善继答应了，赶忙派人通知父亲，准备接待。反正也是接待，他索性把他的好友、同年进士周顺昌也一并邀来。

头一天回到西江村，大家在北海亭住了一晚，第二天一大早，鹿善继和杨嗣昌、贾鸿洙、周思兼加上周顺昌、孙奇逢、张果中分乘家里的两辆轿车直奔黄金台而去。

黄金台位于定兴县最西端，和易州交界处，建于战国时期。公元前 312 年，燕国被齐国所破，燕王哙被杀，燕昭王继位，他要报齐国破国之仇，无奈燕国“地辟寡援，城孤势轻”这个仇怎么报？他问计于太傅郭隗，郭隗给他讲了一个千金买骏骨的故事，说是从前有一位国王派一个大臣出去买千里马，大臣去了很久，没有买到千里马，却买回来一副千里马的骨架。国王大怒，大臣说，人们听说大王连千里马的骨头都买，还怕买不到千里马？果然，不久之后，就有人送来了三匹千里马。郭隗对燕昭王说："大王欲招贤纳士，请自隗始。"于是昭王为郭隗"筑宫师事之"，又在燕下都的东郊外建黄金台，"置黄金于其上，以延天下士"，果然招来了许多贤达之士，乐毅自魏来，剧辛自赵来，邹衍自齐来……在乐毅等人的帮助下.经过二十多年的励精图治，燕国终于强大起来。

黄金台经过近两千年的风雨剥蚀，早已破败不堪，原来占地二十多亩，如今只剩下一半，台上的寺庙也是风雨飘摇。不久前在县令毕自肃的主持下，重新修整了一番，四周都用青砖包了坡，砌了台阶可供上下。

大家下了车，放眼一看，黄金台真可谓气势磅礴，震撼人心。由于刚刚修葺一新，游人如织，做买卖的排在路旁，叫卖声此起彼伏。众人穿过人群，拾级而上，台上更是风光无限，前面的隆兴寺已是令人耳目一新，隆兴寺后的昭王殿更是金碧辉煌。大殿正中，仪表不凡的燕昭王坐在正中，昭王两旁则是郭隗、乐毅、剧辛、邹衍的塑像，比例比真人还要大一点。黄金台的故事大家都耳熟能详，瞻仰一番，感叹一番，也就出来了。整个台面也都是方砖铺地，干净，庄重。刚一走出大殿，大家发现，首辅方从哲也来了，他的身后，还跟着杨涟、左光斗，还有今年刚刚考中进士的魏大中。杨涟大家都熟悉，左光斗虽然不太熟悉，但此人名气太大，不由得不认识。他是万历三十五年进士，当了几年中书舍人之后，前几年提拔为御史，负责巡视京城。大权在握，他可就不再缩手缩脚了，收捕整治起吏部那些凶悍作恶的官吏毫不手软，收缴假印七十多枚，假官一百多人，整个京城都为之惊悚，令一些吏部的官员恨得牙根儿疼，可又拿他没办法。那张棱角分明如刀削斧劈的脸上透着刚毅，透着威武不屈。

魏大中是今年——万历四十四年——才中的进士，刚刚入朝，他的一双眼睛很大，闪着透彻和聪慧的光。只是他的下巴很大，大得不成比例，史书上说他长得很丑，对于一辈古人，我们讲故事的人，还是留点儿口德吧。

等方从哲一行从昭王殿出来，大家坐在桌子边上喝茶，由于是自由出行，大家都穿着便服，免去了官场中的礼数，倒也随意。张果中和左光斗、魏大中扶着南边的砖垛讲解黄金台的故事，三人谈得其乐融融。

远处的易水河，弯弯转转，静静地流着，淌着，流淌着岁月，流淌着故事，流淌着千古悲歌，流淌着兴衰互变。

半晌午的时候，毕自肃走上来，用眼神把鹿善继招呼过去，两人耳语一阵，毕自肃走进寺院中去了。

不一会儿，隆兴寺的方丈走过来，双手合十："各位远道而来的施主，老衲准备了一桌素斋，还请各位赏光。"

方从哲看了一眼鹿善继，然后对方丈拱手说："谢谢方丈，盛情难却，我们叨扰了。"

一行人走进寺院，里面别有一番景致，大雄宝殿宏伟壮丽，令人油然产生敬仰之情。众人走进餐厅，围在一张大方桌四周，斋饭早已摆好。随从的太监、车把式则安排在另外一间僧房里。

毕自肃提着几坛酒进来，对方丈说："破一条戒律如何？"

方丈笑笑说："各位施主都是方外之人，请便。"

席间，鹿善继为毕县令介绍了朝廷众人，毕自肃一一拱手致敬。然后鹿善继又把毕自肃介绍给各位大员。方从哲问道：

"毕县令山东淄川人?"

毕自肃点头答道:"是。"

"右布政使毕自严是你什么人?"

"正是家兄。"

方首辅哈哈一笑:"说起来都不是外人。今天出来玩儿,玩儿得痛快,喝酒,也要喝个痛快,来,干!"

方从哲平日里政务缠身,难得轻松一下,今天确实很高兴,连干了三杯,说道:"今天游览黄金台,忽然觉得,老夫手下有你们这帮青年俊彦,真的很幸运,大明朝,就靠你们了。"

众人同时说道:"全靠首辅提携。"

又喝了几杯,方从哲有些多了:"等哪天老夫失了势,还请看在我们一起游历黄金台的份儿上,稍加看顾。"

"首辅年富力强,如日中天,一人之下,万人之上,正是风光无限的时候,"

"你们可知,高处不胜寒哪!"

杨涟拿过方从哲的酒杯,"方老,你喝多了。"

方从哲夺过酒杯:"没事,今天难得高兴一回。"

再喝两杯,首辅真的醉了,话也说不清楚了:"一人之下,万人之上,看似风光无限,你们可知道,朝廷上上下下的事情,皇上门儿清。不信你惹他一个试试。小子们,长个心眼儿,小心你们身边那些不男不女的东西。"

杨涟站起身来,夺过方从哲的酒杯:"首辅,你喝醉了,我扶你去休息。"

方从哲没再挣扎,被人们七手八脚地搀进一间僧房,躺在床上，嘴里还在含糊不清地说着什么。

安顿好方老头，杨涟宽大的额头皱出几条横纹，眼睛一立，显现出不怒自威的震慑力，对众人严肃地说："今天老头儿什么都没说，咱们什么也没听到。"

众人会意地点点头，继续吃饭去了。

大家休息了一会儿，杨涟给了方丈一些香火银子。鹿善继邀大家一起回西江村，杨涟护送方从哲回京城去了，左光斗和魏大中则一块儿来到北海亭。

路上，鹿善继问毕自肃："你怎么得知我们来黄金台？"

毕自肃神秘地一笑："在我这一亩三分地里，还有我不知道的事？"

第六章　为生民立命

就在游览黄金台的当年，万历四十四年八月，鹿善继的母亲田太恭人在京城去世，鹿善继丁母忧回家守孝。丧事期间，他的好友孙奇逢自然也从京门回来，帮他料理丧事。等到丧事办完，孙奇逢没有立即回去，和鹿善继商量，鹿家的祖坟就在村子南边，离家很近，不用在墓旁筑庐守孝，鹿善继已经学问大成，守孝期间，不如开馆讲学吧。鹿善继想了想，这样也好。于是，就准备在北海亭开馆讲学。

鹿善继本来就名声在外，消息一经传出，本县的生员纷纷前来报名就学，这一下，北海亭热闹起来了，几十名弟子，把北海亭挤得满满的。开学之前他还特意写了一篇《认理提纲》，把读书学习的目的、宗旨包罗进去。

开学选在冬初，很多生员家里都是有地可种的，尽量不和农时发生冲突。古代的讲学和现在上学不一样，很少集体上课，主要是学生自己读书，不懂之处老师分别指点。今天是第一天讲学，他把学生召集起来，讲他的《认理提纲》，开宗明义："我们读有字的书，却要识没字的理，所谓理，不在语言文字中，只就在此日、此时、此事，求一个此心过得去，便是理也。王阳明先生说，'此心无私欲之蔽，即是天理'。"讲着讲着，鹿善继突然发问："咱们读书的目的是什么？"

学生纷纷回答，不外乎中举人、中进士，做官……

鹿善继一笑："这些只是读书的目的之一，读书的目的是认理，是修养，是要做圣贤之人。孔子说，默而识之。予欲无言无字真经，要人识得。这就是我们上面所说的，读有字的书，识无字的理。"

讲堂中鸦雀无声，学员们意识到了，鹿善继和其他私塾教员是不一样的。

学员中有人问："怎么才能识无字的理？"

鹿善继见自己的观点被人注意，就循循善诱，说道："这个，孔子有非常有效的方法，叫作近取譬。即从身边选取可以学习的事例或者现象，改正和丰富自己。孔子还有最简单的方法，叫作己所不欲，勿施于人。只要我们在读书的过程中，时时、事事、处处注意修心，人人都可以做圣贤。至于修心，我们以后还要重点地讲。"

鹿善继讲得口干舌燥，就停下来喝口水，就这喝水的工夫，他发现有人缺席，他问："王成巳怎么没来？"

有学员答道："走了。"

"走了？"鹿善继没听明白，"哪儿去了？"

"秋收过了，该交籽粒银了，交不上，等着让庄田抓去挨板子？"

听到这里，鹿善继的心一下子沉下去，王成巳是鹿善继祖母的侄子，酷爱读书，家里虽穷，家事之外，闲暇时间，常常抱着一本书苦读，鹿善继办学馆的消息传出以后，他是第一时间前来报名的。怎么不打个招呼就突然走了呢？

鹿善继骑上一匹马，邻近的村子，不远，扬鞭就到。王成巳的家，两间低矮的土房，门也没锁，是啊，家徒四壁，锁什么呢？炕上没有被褥，没有席子，缸里空空如也。他明白是怎么回事了，坐在门衔上发呆，心里也是空空的。

鹿善继从王成巳家里出来，心情很不好，牵着马，顺着街道慢慢地溜达，遇到村里的乡亲们他也就顺便了解一下情况，当他得知村里一大半人家都已经逃亡了，剩下的老弱病残，走不动的，就只好鬻儿卖女，或任其自生自灭了。

鹿善继的心情变得沉重起来。这件事，前几年他就听爷爷说过，那时候他正在准备科考，没有听到耳朵里，他真恨自己，他明明记得先贤的教诲：为生民立命。为什么没当回事呢？如今他知道事情已经严重到这样的程度，就不能不管了。他记得爷爷在息县当知县的时候，万历皇帝下诏在全国均田，诏令全国地方府、县将土地分成上、中、下三类。息县属于荆楚蛮荒之地，穷乡僻壤，爷爷为减轻农户赋税压力，把息县土地都按下等田上报，他的上司不同意，鹿久征为此和他的上司争得面红耳赤，说：这是要缓解农户压力，还是要给他们增加压力啊？经过他严格核查，息县可耕种土地二万八千顷，核查出隐瞒不报的土地四千余顷。爷爷责令这些被豪强势力瞒报的农田纳税，一定程度上，减轻了当地农户的负担，促进了社会稳定。如果爷爷在世，他一定会支持自己，为百姓籽粒的事出头。

鹿善继回到北海亭，给学员们布置了阅读的书目，下午就骑马到县城找县令毕自肃去了。

西江村离定兴县城二十多里路，过了白沟河还有十几里，进了东关，鹿善继下马看了一眼不知什么年代留下的那棵大槐树，然后向城中心方向而去。城中心有一个慈云阁，是元朝一个和尚化缘修建的，整个建筑是一个船形，有八面墙壁，慈云阁居中，顺墙壁建有小巧的房子，院子里翠柏蓊郁，有一口井，井里垂着一条铁链，没人知道铁链有多长，是做什么用的。鹿善继从前门进去，后门出来，出门以后，他回望金碧辉煌的慈云阁，在他还在读书的年代，慈云阁已经有些破败，这几年，经过毕自肃主持重修，还原了当年的气象，整个慈云阁，又像一条大船，乘风破浪了。

县衙在县城的西北角，鹿善继有几年没来，县衙倒还有当年的气势，庄严肃穆。鹿善继把马交给了把门的衙役，就直奔公堂，径自去找毕县令了。

两人见过礼，鹿善继坐下，喝了一杯茶，对毕自肃说："刚才我去看了慈云阁，修得不错。"

"重修黄金台剩了一点儿钱，就顺手把慈云阁修了修。——你今天风风火火地跑到县城来，不只是为了看看慈云阁吧？"

鹿善继哈哈一笑："什么事都瞒不过老父母，还真有一件很重要的事，籽粒的事儿把老百姓弄得民不聊生，你不会不知道吧？"

"唉，"毕自肃长叹一声，"我一上任就发现了这件事，人微言轻你知道吧？十场庄田，哪一个伸手捏我一下，都得把我捏死。我敢惹谁呀？"

"咱们一块儿管管这件事好吗？"

"你真的要出头？"毕自肃展颜一笑，"那我鞍前马后，在所不辞。”

“我们先调查一下庄田危害百姓的情况。”

“不用，都在我心里装着呢。”

于是，毕自肃把庄田的情况一一向鹿善继道来。

定兴县地处畿辅之地，由于距离京城很近，有许多土地朝廷封赠给了勋戚，所谓勋戚，就是后宫或者外戚，还有就是有功勋的人。这些封地叫作庄田，当地叫场，也叫籽粒地。定兴县的庄田就有十处，分别是：乾清宫、慈宁宫、雍靖王妃、寿阳公主、瑞安公主、延庆公主、恭顺侯吴汝胤、驸马许从诚、锦衣卫千户陈尚忠、五军营。这些人是不种地的，把地租给佃户，他们收租银。这些租银不是朝廷发给他们的正禄，就是按规定发给他们的俸禄，而是作为他们日常消费的补充。定兴的可耕地大约一万零七百多顷，十个庄田就占了四千顷，差不多四成。还有的人为了抱勋戚的大腿，主动把自己名下的土地投献给勋戚，向他们交籽粒银子，这样就不用缴税了。

问题在于定兴有几片低洼地带，有兰沟洼、江村洼、阎台洼，这些土地“极其洼瓣，久称莽灌之区”，俗传有“干则如炕，湿则如酱”之语，不堪耕种。这些土地，在明朝初年是不征税的，到了正德年间，勋戚不断“奏讨”，有关部门才开始征收籽粒银，每亩征收三分多银子。按当时已经推行的一条鞭法，这些洼地四亩也折不了一亩，但籽粒地不分上中下，有一亩算一亩，一律征收三分多银子，这就让佃户们苦不堪言，“地所收不能偿地所费”，交不上籽粒银，还要被抓去“杖刑”，于是佃户们只能逃亡。先是瑞安、延庆两场的佃户逃亡殆尽，而有关部门不知道变通，只知道征银，他们采取了“包纳”的办法，十场共应征收二千八百三十七两三钱有零，不是两场佃户全都逃亡了吗？那就由剩下的八场全部“包纳”出来，这样一来，八场的佃户负担就更重了，佃户们也要吃饭，也要生活，眼看活不下去了，雍靖王妃、锦衣卫两场也逃亡过半，马上就要六场包四场了。

鹿善继听完，真有点义愤填膺了，但他克制住了自己。自从他学了王阳明的“不动心”，他遇事能够保持冷静了。他对毕自肃说：“还真没想到问题有这么严重，咱们管，为生民立命，管定了。这样吧，你让书办写个揭帖，过几天咱们一块儿到易州道去，请州里解决。”

毕自肃知道鹿善继文笔不错，想请他来写揭帖，但鹿善继已经把话说出来了，自己就不好再说什么了，毕竟人家在朝廷里是六品主事，比自己的七品芝麻官要高一级。

鹿善继问：“我们的目标是减多少？”

“我问过庄田的佃户，减半征收他们就能够过得去了。”

“还有”，鹿善继一拍脑门，“乾清宫和慈宁宫除外。”

毕自肃何等聪明，点头称是。

“两宫是皇上身边的人，你动了皇上身边人的利益，皇上会给你批吗？”

事情定下来，鹿善继也没再耽搁，打马回西江村去了。出了城门，一阵冷风吹来，他身上一激灵，心想，天冷了，那些无衣无食的佃户该怎么过冬？这事儿得抓紧办。

第七章　如此官场

过了几天，毕自肃给鹿善继传话，说是揭帖写好了，请他过去审阅，如果同意，就一块儿去易州。鹿善继安排学员们各自读书，就去了县城。

鹿善继看过揭帖，点头说道："好，写得不错。事不宜迟，咱们立刻去易州见道台。"

毕自肃吩咐衙役牵过一匹马来，穿上官服，备好鞍鞯。

鹿善继说："就这么去？"

毕自肃不解地望着他。

鹿善继笑了笑说："就这么去，衙役连门都不会让你进，寒酸。狗眼看人低，知道吗？"

毕自肃自嘲地一笑："心急火燎，把这事忘了。"赶快吩咐人备车。

易州离定兴县城五十里路，两人赶到时已经时近中午。接见他们的，是一个书办之类的人，问他们："二位来到本道台府，不知有何贵干？"当听说两人要见道台，习惯性地捋了捋下巴上那一绺稀疏的黄胡子："二位，真是不巧了，道台正在会见上边来的客人，恐怕没时间接见二位了，还请见谅。"

"这样吧，"毕自肃嘬了嘬牙花，和对方商量："眼看快到饭口了，我们请道台一起喝几杯，请通报一声。”

“这也不行，道台今天中午要宴请上边来的客人，宴席都已经安排好了。”

鹿善继在一旁听着，心里也很着急，但道台是五品官，他一个六品主事也不敢造次，只好说：“我们的事很重要，你看，我们连揭帖都带来了。”

“那你们把揭帖留下吧，我会抽空呈给道台大人审阅。你们过几天再来吧。”一边说还做了一个送客的手势。

鹿善继和毕自肃对望了一眼，也只好如此了。

过了几天，鹿善继和毕自肃又相约来到易州。这次，他们见到了道台大人，道台大人很热情，吩咐下人沏了两杯茶，分别放在两人面前的茶几上，然后问道：“两位是？”

毕自肃做了自我介绍，又指了指鹿善继：“这位是户部山东司主事。”

这一次，道台竟然站起来向鹿善继拱了拱手，然后问道：“二位有何公干？”

毕自肃说：“为了敝县庄田籽粒的事，前几天我们来过，没见到道台大人，我们留下了揭帖。”

“是吗？我没见到啊。”说完，看了看站在旁边的书办。

书办走过去，从道台书案上的一堆文件中翻出揭帖，递给道台。

道台接过去，哈哈一笑道：“这几天事太多，还没来得及看。二位请稍等，我这就看。”说着就伏在书案上看起揭帖来。

道台看揭帖，鹿善继在对面端详道台。道台个子不算高，但两眼有神，从揭帖放了好几天都没看这一点来看，是个太极拳高手。果然，揭帖看完了，道台往椅背上一靠："这事，难哪。揭帖一旦捅上去，肯定会让他们不高兴。这些勋戚，咱们惹得起谁呀？敢从他们锅里抢饭吃，谁给咱们胆子呀？"

毕自肃心里一阵发凉："可老百姓因为籽粒银太重，活不下去了呀。我们只是想跟他们商量少征一点儿。"

道台随即反问："你去跟他们商量啊？"

鹿善继似乎早有心理准备，只是微笑地看着道台大人。

道台被鹿善继看得有点不好意思，说道："这样吧，你们先把揭帖留下，等我考虑考虑，过几天你们再来，好吗？"

回来的路上，毕自肃意兴阑珊，一句话也不说。

鹿善继看了他一眼，说道："碰了个软钉子头疼了？这个再正常不过了。官场中人是一个特殊的群体，几千年来凌驾于百姓之上，操控百姓，形成了一套属于官场的套路，在法律之下操作自如。这个群体大体上可分为三种人，一种是兢兢业业做事的人，他们读书、科考，都是为了掌握一定的权力，报效国家，造福百姓，甚至为自己的信念丢了脑袋也在所不辞。第二种纯粹是为了做官，做官可以光宗耀祖，可以掌控权力，可以为自己留下一个名声。上边指令的事，他们可以去办，百姓的事，他们一搪、二拖、三不办，当一天和尚撞一天钟，往往弄得老百姓求告无门，有冤无处诉，有理无处讲。可这些人忘了，老百姓正是他们的衣食父母。第一种人为官久了，体验到了官场的凶险，棱角磨平了，也可能变成第二种人。第三种人就不叫人了，他们要官要权，只是为了自己贪腐。所以跟官场打交道，你得有耐心，碰一次钉子灰心丧气，咱们这事永远也干不成。"

毕自肃说："我是看不惯道台为什么这么拿事不当事，咱们的揭帖放了好几天了，他竟然看都没看。"

"你以为人都像你呀？"

回到北海亭，鹿善继怕因为今天的事影响毕自肃的情绪，连夜写了一封情真意切的信，第二天托定兴城里的学员捎给他。因为信是文言，怕读者读起来费劲，我只择其要者抄录于此："……余所谓公其真人者，独以其心言耳。天下万事，皆从心起。不患事不就，但患心不真。真者心之本体，从来称天下有心人，为其真也。真则耐，耐则挫而愈坚。故为天下事，毋泛论理，心即是理；毋泛论力，心即是力。真心如公，为理树帜，为力辩冤，不然，滔滔者从官起念，而不敢一问百姓急，偏见理不我值，力不尔克，甚矣其相蒙也。罗文恭之言曰：此生活得千人命，甘心不向世外走。佃户数千家汤火，而世世利赖，尝私度公，青天良夜，志之无恶，可知也。"主要的内容都在这里了，我不敢译成白话，怕失了作者原意。这些文字，在鹿善继的《认真草》里可以找到。

等鹿善继和毕自肃再次来到道台衙门的时候，道台便开门见山地对他们说："这件事，我真的无能为力了。揭帖你们拿回去吧。"

一直很少说话的鹿善继对道台大人的推托感到非常失望，他立即问道："我们可不可以理解为，这件事道台大人拒绝受理了？"

道台听出了这句话的分量，脊梁沟子里立刻冒出一股凉气。他一旦拒绝受理，鹿善继他们就可以越级申诉，顺便还可以把他扯进去。眼前这位朝廷官员，别看级别不高，有的是办法把事情捅上去，万一他们胜诉，他可就要吃不了兜着走了。他赶忙说道：“不，不，我只是觉得这事难度太大，我这点权力没办法跟勋戚抗衡。”

“那好吧，”鹿善继站起来，伸手去拿揭帖，“明天我们到直隶巡抚衙门去，请直隶三院定夺。”

“请等一等。这样吧，我明天去直隶巡抚衙门，请示抚台大人，好吗？”

鹿善继见道台大人退了一步，也不好再坚持，就说：“好吧，那我们后天去保定。”

道台大人破例地把二人送出衙门口，看着俩人的背影，眼里射出一股怨毒。他回到书案前，匆匆忙忙写了一封信，派人送到京城去了。

回定兴的路上，毕自肃问鹿善继：“我们真的要把这事弄到巡抚衙门去吗？”

“当然，开弓没有回头箭。况且，左浮邱已经到直隶任屯田使。”

第八章　为天地立心

本来与毕自肃约好隔天去保定直隶巡抚衙门，但因为县里有事，毕自肃脱不开身，鹿善继就把学员们集中起来讲学。

近些天又来了几名邻县的学员，他站在客厅的中央，环顾学员，清了清嗓子："这些日子，来了不少新学员，我们再讲一次关于做人。做人二字，大有学问，世俗人说，做官自做秀才始，秀才以登第为能，做官以登台鼎为能。台鼎是什么官？三公或者宰相。总之是最大的官。认为登第、登台鼎才不枉做人。真是那样的话，不第不台鼎就不是人了？登第登台鼎才是人吗？可我们纵观历史，古今流芳百世的人，多非不可一世的高官显爵，而遗臭万年者，偏是要人。孔子没做过几天官，王阳明官不大，但他们都是圣人，为什么？他们为我们留下并且实践了做人的道理。《大学》说，修身齐家治国平天下，首先是修身。怎么修身？心不正便身不修，除了正心哪还有修身的办法？阳明先生说，心者，身之主也。所以，修心是我们每个人的主修课。今天我们讲修心。"他端起茶杯喝了口水，刚要接着讲下去，忽然发现门口坐着一个人，那刀劈斧削的脸，他一看就知道是谁。那人感觉到鹿善继看他，也抬起头来，鹿善继哈哈一笑：“浮邱，你什么时候来的？”说着，快步走过去。

左光斗没穿官服，老朋友好久不见，直接和鹿善继来了个熊抱。鹿善继转身对学员们说：“来了稀客，今天先讲到这儿，大家各自阅读。”

两人来到北海边上的石凳上坐下，亭子上凉风习习，北海中碧波荡漾。鹿善继说：“知道你来直隶任屯田使，正准备过几天去看你。你倒先来了。今儿个中午要好好喝几杯。”

左光斗说：“那是当然。”

鹿善继刚要起身去做准备，左光斗拦住他：“你别管了，我已经见过太公了。”

“偷听了一会儿你的讲学，精彩，深入浅出，从做人讲到修身、齐家、治国、平天下，从修身引出修心，突破了读书做官的传统论调，现在提出这样的观点，难能可贵。你师承哪位大师啊？”

“得力于阳明先生的《传习录》。”

“噢，阳明先生。”左光斗点点头，“问渠哪得清如许，为有源头活水来。”

话锋一转，左光斗说道：“你们的揭帖我看了，并且转给了张蓬元抚台、王立宇按台。我今天过来，是想了解一下基本情况，情况属实的话，我会做你的后盾，争取三院会题，直接捅到皇上那里，不然的话，那些勋戚势力太大，你和毕县令纵然碰得头破血流，也未必成功。皇上下诏就不一样了，看谁敢说个不字！”

“官场上学问太深，全仰仗浮邱鼎力相助。”

“你我之间，就不必客气了。我一个多月前就到了保定府，既然是屯田使，就要管田间的事，我先查看了清苑、完县、安肃几个县，前几天看到你们的揭帖，知道你在家守孝，必然会参与此事，就跑过来了。我先了解一些初步的情况，回去好助推这件事。”

半年不见，鹿善继把毕自肃也请了过来，和太公一起，好好陪左光斗喝了一场。第二天由毕自肃陪左光斗在附近的庄田转了转，左光斗就要告辞回保定府。临行前，左光斗拿出一卷写好的文字，交给鹿善继，他说：“我自出任屯田使以来，深感北方人不知道水利，要想旱不为灾，涝不为害，唯有兴修水利。我写了一个条陈，你看看，希望看到你的指正和补充。”

鹿善继接过来，上面工工整整书写着三因十四议：因天之时，因地之利，因人之情；议浚川，议疏渠，议引流，议设坝，议建闸，议设陂，议相地，议筑塘，议招徕，议择人，议择将，议兵屯，议力田设科，议富民拜爵。粗略地看了一遍，鹿善继说：“你这家伙，这么快就进入角色了！”

左光斗说：“用你们保定话说，卖什么吆喝什么。”说完，上马扬鞭，绝尘而去。

保定巡抚衙门在西大街和帅府胡同相交的地方路北，曾是元朝蔡国公张柔的元帅府。鹿善继和毕自肃接到左光斗的信，急忙赶到保定的时候，左光斗已经在衙门口等候他们了。

进了门，是前院，五间后堂，左边是三间厨房，右边是下级官吏住的三间宿舍，走过穿堂，是府衙办公的后院，进了后院，走过大门，再过仪门，才是宽敞气派的巡抚署，正面是三间正堂，两翼各有四间配房，东西还各有六间厢房。

保定府属于北直隶，本来是不该派巡抚的，但是保定的地理位置太重要了，京都的南大门，不仅派了巡抚，还派了按察使、屯田使，这个时候，人们习惯地称为三院，即巡院、按院、屯院，三院的头头儿，称为巡台、按台、屯台，这是当时对领导的尊称，正如现在的张局、李局。

左光斗把二人领进正堂，为他们介绍了巡抚张蓬元、按察使王立宇。

张蓬元是个挺和善的老头儿，五十多岁，头发已经花白，还没留胡子，见人就笑，一笑满脸的皱纹。王立宇年纪稍大，白净脸，显得严肃，但不给人以拒人于千里之外的感觉。左光斗把鹿善继和毕自肃介绍给巡台和按台。张蓬元听了介绍，哈哈一笑："你就是那个定兴的才子鹿善继？久闻大名。"说着还对鹿善继拱了拱手。鹿善继一脸不解。张蓬元说："前些日子太子中允孙承宗回家路过保定，盘桓了几天，说起阁下，赞不绝口，说你年纪轻轻，已深得王阳明真传。"

鹿善继拱手道："谬赞了。"

几个人坐下，言归正传，张蓬元首先开口说道："你们的揭帖我们都看了，解民于倒悬，这是为官者分内的事，天经地义，我们支持你们。特别是伯顺先生，本来是丁忧期间，还能参与此事，更加令人称道。但目前，还有些程序性的工作要做。"

王立宇接过话头："咱们先把它当成一个案子吧，一个案件，要想胜算，必须证据充足，比如，一个佃户租种多少土地，投入多少，产出多少，交纳籽粒银以后还剩多少，一个五口之家或者四口之家最低消费多少，这逃亡的原因不就出来了？一个庄田有多少佃户，逃亡多少，撂荒多少土地，这都要一个庄田一个庄田地去查。你们的揭帖写得够详细了，但还不够，还要更详细，我们要用数字说话，越翔实越好。”

张蓬元接过话茬：“这样做，可能要耽误一些时间，但这是最简便的方法。明白吗?”

“等你们把资料弄齐，我们三院会题，直接呈给皇上，只要皇上下诏，就成了铁案，再有权势的勋戚也没办法推翻。这样行吗?”

三院会题，这是以前他们想都没敢想的事情，鹿善继和毕自肃对视一眼：“好，我们回去就开始调查。”

“我们也会派人协助你们。另外，籽粒案你们也不是唯一的县份，天津那边的文安、青县也都有，你们可以参照他们那里的办法。”

把鹿善继和毕自肃送出正堂，王立宇说道：“各庄田如果找你们的麻烦，你们就往我身上推，由按院应付他们。”

鹿善继感激地拱手道谢，告辞。

左光斗一直把他们送出大门外，拱手作别。

以后的日子里，就是风车一样的奔波。我们借用电影蒙太奇的手法展示给读者：

鹿善继和毕自肃陪按院的人员在各庄田调查。

鹿善继和毕自肃陪按院的人员在各庄田的佃户中了解情况。

鹿善继和毕自肃去文安县。

鹿善继和毕自肃去青县。

……

按院的调查很仔细，一直持续到第二年夏天才完事，然后是三院会题，直接把这事捅到朝廷里去了。

第九章　许显纯

定兴县城往西七八里路，有一个东落堡村，东落堡村北，有一座驸马坟，规模很大，有石像生，有华表，有石碑。哪个驸马？嘉靖皇帝的女儿嘉善公主的驸马许从诚。

这一带流传着一个民间传说，说是读书人许从诚有一年进京游玩，正好这天是二月初二，皇帝的女儿打彩球招驸马，他路过彩楼前面，公主看中了他，就把彩球抛到他的头上，于是他就成了驸马，封为驸马都尉。

有一天夫妻二人说闲话，许从诚说，你父亲三宫六院七十二嫔妃，他临幸得过来吗？我看他也就是个王八头儿。公主听了，佯装怒道：你敢背后说我父皇的坏话，待我明日在父皇面前参你一本。次日驸马上朝去了，皇宫里的宫女们来报皇后生病，接公主前去探视，急急忙忙收拾打点，随宫女们入宫去了。再说许从诚退朝回到驸马府，不见了公主，询问家人，说是公主进宫去了。许驸马犯了猜疑，想必是为了昨天的那些闲话，真的到她父皇那儿告我的状去了。如果父皇知道了，必有杀头之罪。思来想去，还是走为上策。吩咐宦官备马，急匆匆打马出城奔南而去。

公主探病回来，不见了驸马，一问，说是驸马出城奔南去了，急急忙忙，神色慌张。公主一想，可能是驸马以为我是进宫去奏他的本，逃命去了。急忙派人去追。再说驸马打马如飞，一下子跑出二百多里，到了东落堡村边，他的坐骑又累又渴，后面追来的人越来越近，忽见前面有一眼井，心想无论如何难逃一死，便一头扎到井里。

来人捞上许从诚的尸体，眼见救不活了，只好回去报信。皇上也就下诏就地为许从诚建了一座驸马坟。

明眼人一看就知道这个故事是民间口头创作的作品。许从诚是货真价实的进士，也是因进士招为驸马。但许从诚何以葬在这里？大概是因为他是定兴人吧。

落堡村位于北易水河和拒马河之间，地势较高，土地肥沃，在定兴这块风水宝地也算得是上乘，驸马的坟墓选在这里，也就不奇怪了。后来皇上把这里几百顷土地封赠给他们家作为庄田，也是顺理成章的事情。

许显纯接到易州道台大人的信，很是费了一番心思，他是许从诚的孙子，落堡的庄田是他从老一辈手里继承下来的，以往的籽粒银子都是县衙从佃户手里征收上来，直接送到他的庄田里，他也是只管消费，不知道银子是如何从庄稼地里长出来的。他虽然是武进士出身，也略通文墨，但从小在京城长大，没有跟地方上的官员打过交道，如今弄出个籽粒折征的事情，他真的不知道该怎么应付。他知道，所谓折征，就是要让佃户少出银子，那他兜里的银子就少了，这哪能行？以他锦衣卫都指挥佥事的地位，四品大员，岂能容一个七品芝麻官动他碗里的饭？他为这事纠结了好几天，正当他"狗咬刺猬，不知道从哪儿下嘴"的时候，他忽然想到了一个人——李进忠。

李进忠原是北直隶肃宁县的一个地痞无赖，因为赌博输了，还不起赌债，跑到京城想当太监，可他不知道割掉小弟是要钱的，他身上最缺的就是钱，怎么办呢？他狠狠心，自己动手做了，然后由他的把兄弟魏朝介绍进了宫，起初只是个普通的“公公”，起了个名字叫李进忠，当时王安是太子侍读太监，魏朝经常在王安面前给李进忠说好话，王安也就尽量照顾李进忠，后来，让李进忠当了小太子母亲王才人的典膳，所谓典膳，也就是管王才人吃饭的事。因为小太子的乳母客氏是定兴人，和许显纯是老乡，小太子大概率是未来的皇上，有这样的资源，许显纯自然会充分利用，所以常常去探望客氏，顺手还要带点小礼物，一来二去，也就和李进忠搭上了关系。在许显纯眼里，李进忠虽然不识字，但脑瓜子可不是一般的聪明，不管什么事，只要他一眨巴眼，一定会想出办法来。

于是，许显纯提着一点儿礼物，到太子府来找李进忠，他知道，最近李进忠经常往魏朝的对食客氏那里跑。对食是什么？就是在皇宫里服务的太监、宫女之类的“下人”可以结为夫妻，叫作对食。客氏是魏朝的对食，李进忠是魏朝的把兄弟，自己进宫时间尚短，立足未稳，即便是垂涎客氏，也不敢明目张胆地勾搭，只能是跑得勤一点，过过眼瘾。

果然，许显纯在客氏的房间里找到了李进忠，这是尽人皆知的秘密，三个人见面谁都不尴尬。见过礼之后，李进忠问道：“小许子，有什么事吗？”

许显纯支支吾吾地把事情的原委说了一遍。

李进忠沉吟了一下，眼珠一转说道：“这事还不好办？”

“怎么办呢？”

“你们文人有句话叫‘釜底抽薪’，是吧，把那个芝麻官儿拿了不就得了？”

“找个什么理由呢？”

“这么简单的事还用问我吗？”

“还有那个鹿善继呢，他可是户部的人。”

客氏在一旁听了，忙说：“鹿善继你不能给我动，他是我的恩人。”

许显纯回到家里，一门心思地想找一个人去找毕自肃的“茬”，想了半天，老家石象村的乡亲们，自从他的爷爷许从诚当了驸马都尉，搬来京城，就断了联系，有一点联系的，只有一个远房亲戚，东江村的王风采，此人个子不高，但很“精神”，会来事儿，隔三岔五地就带点儿土特产来京城看望看望他们，因为这点情分，前几年许显纯还给毕自肃写过一封信，让毕县令在县里给王风采安排个差事，许显纯是京官，毕自肃不好驳他的面子，就让王风采当了个省祭官。请读者不要误会，省祭官不是省里管祭祀的官儿，只是县里最低级的职务，比如纠察之类的差事，因为在古汉语里祭同于稽，“省稽”也就是稽查的意思。形同于今天的市场管理员。

王风采来到京城，许显纯把意思和他说了，王风采一时脑子里一片空白，他只是一个下级跑腿的喽啰，很难接触县令大人，所以县令大人的事，他知道的少之又少，在许显纯再三的启发之下，他的大脑终于闪过一丝光亮，他一拍大腿：“有了！”

许显纯一惊一喜：“有了？”

“有了。这几年，许多村子撂荒了很多土地，这不是知县的责任吗？”

许显纯如获至宝："有多少荒地？"

"我看，至少有一千多顷。"

"好，那你去仔细调查一下，看到底撂荒了多少，尽快给我个数字。"

这一次，许显纯给了王风采许多礼物，家里人穿不着的旧衣服，用不着的小物件，包了一大包，王风采乐得屁颠屁颠地回去了。

王风采从京城回来，立即付诸行动，跟打了鸡血似的，从许显纯给他的"礼物"中翻出一副墨镜戴上，又找了两个同事当作跟班，一个拿着丈量尺，像圆规那样的东西，量一步五尺；另一个拿着小本子记录，而他自己则是在一旁指手画脚。每到一个村子，还要村长跟着，告诉他是谁家的地。这么大的阵仗，让村子里的老百姓很好奇，问他这是要干什么，他说，量量谁家荒了多少地。

本来，听说县令要申请籽粒折征，许多逃亡外地的老百姓抱着一线希望，试探着回来了，听他这么一说，心里又没底了，一些人又开始了逃亡之旅。

王风采的行为，也传到了毕自肃的耳朵里，他找到王风采丈量土地的地方，问他："你这是要干什么？"

王风采撩了撩眼皮："丈量荒地。"

毕自肃奇怪了，王风采平时见了他很尊重的，甚至有点唯唯诺诺，今天这是怎么了？

他按下疑问，又问道："丈量荒地干什么？"

这一次，王风采头也没抬："这是秘密，不能告诉你。"

"谁让你这么干的？"

王风采指了指天："上边。"

带着一肚子问号，毕自肃拉着鹿善继来到保定巡抚衙门，按院的王立宇在，听完毕自肃的述说，按台问道："王风采上边有什么关系吗？"

毕自肃想起许显纯几年前写给他的信，说："有。锦衣卫的许显纯，都指挥佥事。"

王立宇笑了，又问："许家在定兴有庄田吗？"

听到肯定的回答以后，王立宇说："行了，你们放心，有事让他找我们吧。"

一个月以后，当许显纯带着王风采给他的数字来到保定巡抚衙门的时候，三院的长官都在。三院的长官给了他热情的接待。巡抚张蓬元说道："不知都指挥佥事有何训示？锦衣卫是朝廷的重要部门，锦衣卫的长官是朝廷命官，有什么事捎个信来，本巡抚一定会全力以赴，还用得着长官亲自跑一趟？"

许显纯拿出一份文件："我发现定兴县的土地撂荒得太多了。"

张蓬元拿过来扫了一眼，说："这事我们也发现了，你掌握的情况和我们了解的差不多。"

许显纯说："这件事很严重。"

王立宇说："是很严重。我们也正在为此事发愁呢。大人可知道为什么撂荒了这么多土地吗？是因为定兴阎台、江村、兰沟三片洼地的土质太差，老百姓入不敷出，交不起籽粒银子，人跑了，土地也就荒了。大人在朝为官，还在为家乡的事操心，这让我们非常感动，正好大人过来了，大人是皇上身边的人，跟皇上说得上话，请大人无论如何跟皇上说一声，解百姓于汤火之中，这是一件功德无量的事情。拜托，拜托！”

毕竟是武进士出身，四肢发达，头脑简单，拙于言辞，高帽子一戴，许显纯再也不好说什么，只好说道：“一定，一定，我会跟皇上反映这件事。”说完，戴上帽子，起身告辞。

等把许显纯送出大门，三人回到屋子里，瞬间爆发一场大笑。

第十章　诏书

万历四十七年六月，鹿善继服阕。所谓服阕，就是守孝期满脱去孝服。古时候，父母去世之后，不管多大的官儿，都要辞去职务，回家守孝三年，一般都是在父母坟前盖个房子，吃住都在那里。鹿善继是因为祖坟离家很近，就住在北海亭，一边守孝，一边讲学，还要跑籽粒折征的事。这三年忙得他不亦乐乎。服阕之后，他就要回到朝廷上班去了，籽粒的事还没个结果，好在北直隶三院已经会题，只等皇上批复了。他已经想好了如何运作。

毕自肃也知道鹿善继要回京城，他心里有遗憾也有高兴，遗憾的是籽粒的事一直是鹿善继和他一起奔波，鹿善继走了，他就有点儿孤单，心里没底。高兴的是，鹿善继可以从朝廷那边发力，也许更加有利。他知道，鹿善继是个讲信义的人，说了籽粒的事要帮他帮到底，就一定不会袖手旁观。他来到北海亭，一来是为鹿善继送行，二来也想摸摸鹿善继对籽粒之事的想法。

老友之间，心有灵犀，鹿善继见到他头一句话就说："放心，籽粒的事我会帮到底。"

"你走了，我还真是觉得有点儿孤掌难鸣。"

“好了，别发感慨了，等我的消息吧。”

鹿善继回到户部，这回给他安排的是河南司主事，署广东司。虽说是由山东司主事变成了河南司主事，还兼署广东司，但办事人员还是那几个人，杨嗣昌、贾鸿洙、周思兼。熟悉了几天情况，鹿善继放心不下籽粒的事，这天，他约上杨嗣昌、贾鸿洙、周思兼、周顺昌，左光斗刚刚被任命为浙江道监察御史，还没上任，也被他拉来，最后，他想了想，还是去找了给事中杨涟。据他的观察，杨涟平时和同事们形同油水，但这可能是性格使然，此人还是重情重义的，遇事有能力，有办法，也敢于仗义执言。他对杨涟说：“我在家守孝三年，刚刚回来，想拉上几个同事陪我去拜见一下首辅大人，请示一下县里的一些事情，想请你帮着壮壮胆子，不知肯不肯赏光。”

杨涟问：“都有谁？”

鹿善继如实告诉了他。

杨涟一笑：“好吧，我陪你。”

看着鹿善继走出去的背影，杨涟暗笑道：“这家伙，聪明。”

众人吃过晚饭，集合在一起，朝方从哲官邸走去，走到门口，心眼儿实在的周顺昌说道：“我们去拜见首辅大人，不带点儿礼物吗？”

鹿善继和杨涟同时答道：“不用。”说完，两人心照不宣地相视一笑。

众人成群打伙地走进首辅的客厅，方从哲先是一愣，心跳猛然加速：这群小子们干什么来了？不过很快就被他掩饰过去了，哈哈一笑：“来来来，小朋友们，稀客，快坐下。”家人不在现场，方从哲就手忙脚乱地亲自沏茶。大家自然不能让首辅干这种事，就都纷纷上前动手沏茶倒水。方从哲自己坐在太师椅上，喊了一声：“来人。”一个家人模样的女孩走进来，方从哲吩咐道：“把月饼端上来。”

月饼端上来了，大家也不客气，拿起来就吃。

这时，方从哲才忐忑地问道：“有什么事吗？”

自从三年前方从哲在黄金台上喝醉了酒，说了一些酒话，醒来之后，出了一身冷汗，肠子都悔青了。那些话，百分之百是对皇上大不敬的话，说不定哪个小子一时说漏了嘴，透露出去，那可就是杀头的罪呀！他深知伴君如伴虎的道理，从那以后，他就整天提心吊胆，惶惶不可终日，如临深渊，如履薄冰，就像头上悬着一把利剑，不知道哪会儿掉下来。三年来，本来嗜酒如命的首辅大人，竟然把酒戒了，滴酒未沾。虽说是宰相肚里能撑船，但事关生死，他也不可能不动心了。三年之后鹿善继再见到方老头，胡子长了，脸上的肉更少了。

听了方从哲问话，大家把目光转向鹿善继。

鹿善继站起来，说道：“是关于我们老家定兴县籽粒折征的事，这件事北直隶业经三院会题，已经报送到朝廷，毕县令托我来请示一下首辅大人，不知道办得怎么样了？”

方从哲一拍脑门：“想起来了。”然后扭头对左光斗说，“三院的文件不是你送过来的吗？”

左光斗站起来说：“是。”

“你们会题的疏稿我已经送交皇上，还有定兴的揭帖，一并呈上去的。可皇上还没批呀。”

鹿善继说：“那就请首辅大人提醒一下皇上，好吗？”

“好好，这事我一定尽力，你放心。”

众人说了一会儿闲话，起身告辞。出了门，杨涟重重地拍了拍鹿善继的肩膀。

两天以后，方从哲把鹿善继叫到他的官邸，拿出皇上的诏书递给他。

鹿善继接过来一看，是三院会题的奏稿，上面有皇上亲自批复的两个大字："照准。"

鹿善继高兴得心都蹦出来了，他手拿诏书，一边拱手，一边深深地向方从哲鞠了一躬。两年多了，庄田的百姓终于要脱离倒悬之苦，可以活命了，他高兴得流下了眼泪，这两年的奔波劳碌，终于画上了圆满的句号。

方从哲问："知道为什么这么长时间没批吗?"

鹿善继询问的目光看着老头儿。

"原来是因为乾清宫和慈宁宫的庄田都在定兴。这次我提醒皇上再看看你们的揭帖，见你们把两宫排除在外，皇上才大笔一挥，批了。现在看来，你们的揭子有水平，有先见之明，高，实在是高。谁写的?"

鹿善继说："毕县令。"

方从哲点点头："噢，我知道了。"

鹿善继从首辅官邸出来，当即派人请毕自肃来京。第二天，毕县令来了，鹿善继把诏书给他，毕自肃看了，高兴得不知说什么好了，他连连朝着皇宫的方向拱手，谢主隆恩。末了，他邀请鹿善继一块儿回去，和乡亲们共同庆祝庆祝。

鹿善继说："不了，这件事是你牵头办的，我就不掺和了。"

喜讯传回定兴，定兴县顿时沸腾了，乡亲们拥到县衙，把大门口堵得水泄不通，他们要见县令，当面向他表示感谢，感谢他救乡民于水火。毕县令出来了，穿着很正式，待乡亲们的欢呼声、致谢声静下来之后，他说：“籽粒折征的事，要感谢就感谢皇上的恩典，也要感谢咱们的老乡，户部主事伯顺先生，他自始至终都参与此事，跑前跑后，上下通融，才促成这件事。现在我宣布，经过测算，减征之后，每亩应征一分八厘五毫，脚价一毫四丝八忽，均包靖王妃一厘二毫五丝六忽，每亩应征之数是一分九厘九毫四忽。这是昭然耳目的定数，无可增减。”他的话，又引爆一片欢呼声。此刻，慈云阁前，龙灯会、旱船会、音乐会、武术会，纷纷亮相，尽情欢腾。人们喜笑颜开，互相庆贺。后来，乡亲们还在县衙前为毕自肃建了生祠。这就是后话了。

减征之后，十场庄田都有怨气，但有皇上的诏书在，哪个虫儿敢作声！

许显纯气得肚子一鼓一鼓的，他觉得自己被耍了，被人撅了个对头弯儿，敢耍朝廷四品大员，总有一天，我要让你们知道锦衣卫的手段！

立竿见影的是，不久，毕自肃就补为礼部主客司主事。临走前有人问他：“王风采这个东西，一个老鼠坏一锅汤，打发了他吧。”毕自肃摇了摇头：“一个蝼蚁而已，留着他吧。毕竟到了朝廷还要和许显纯见面的，弄得太僵了也不好。”

第十一章　明朝的克星

就在大明朝廷像一架松散的机器，松松垮垮地运转着，大臣小臣们没事人一样想上班就上班，不想上班就去逛大街的时候，1616 年，在千里之外的白山黑水之间，一个新兴的势力建州女真族在新宾县二道河子边上的赫图阿拉称汗建国，国号“大金”，史称后金。这个称汗的首领叫努尔哈赤。

读到这儿你一定会问，努尔哈赤不是清朝的创始人吗？怎么又是女真族了？这事我会给你交代清楚。清朝是女真族，也是满族，女真族是满族的前身，最早的满族也就是女真族，是从通古斯亦即西伯利亚过来的，女真人在西伯利亚受到哥萨克人的排挤，迁徙到了明朝的东北地区，明朝政府收留了他们。此后一直叫女真人，直到 1635 年，皇太极继承汗位以后，才改国号为清，改女真为满族。所以现在我们还得称他们为女真族。

努尔哈赤生于 1559 年，即嘉靖三十八年。关于他的家世，我们从他爷爷说起吧，他的爷爷觉昌安，是锡宝齐篇古的第四个儿子，清朝建立之后追封为景祖翼皇帝。觉昌安继承祖业，居住在赫图阿拉，他有四个儿子，第四个儿子叫塔克世，后追封为显祖宣皇帝。努尔哈赤就是塔克世的儿子。他们家是世袭贵族，官至建州左卫指挥使。虽说是贵族，但生活却很艰苦，努尔哈赤从小生活在林子里，因为生计，常年在林子里打猎，采蘑菇，挖人参，艰苦的生存状态，练就了他雄健的体魄。《清史稿》说他："仪表雄伟，志意阔大，沉几内蕴，发声若钟，睹记不忘，延揽大局。"在万历十一年的那次战斗中，努尔哈赤及其弟被辽东总兵李成梁抓住，李成梁的老婆"奇其貌，因纵之归"，竟然把他放了。

如果不是万历十一年的那场战役，努尔哈赤或许会一直在赫图阿拉当他的贵族，一直到死，然后传给他的儿子，但是那场战役改变了努尔哈赤，也改变了历史。

关于那场战役，《清史稿》是这样记载的："邻部古勒城主阿太为明总兵李成梁所攻，阿太，王杲之子，礼敦之女夫也。景祖（觉昌安）挈子（塔克世）若孙（努尔哈赤及弟舒尔哈齐）往视。有尼堪外兰者，诱阿太开城，明兵入歼之，二祖（觉昌安和塔克世）皆及于难，太祖（努尔哈赤）及弟舒尔哈齐没于兵间，成梁妻奇其貌，因纵之归。"

在这场战役中，努尔哈赤失去了四位亲人，他的祖父觉昌安，父亲塔克世，堂姐夫阿太和堂姐。在这之前，阿太的父亲王杲在一次战斗中被李成梁俘虏了，李成梁把他押到京城，肢解了（磔于市）。而王杲又是努尔哈赤的外祖父。

如此深仇大恨，你说努尔哈赤能咽得下这口气吗？

他回到部落，召集族人，拿出祖上流传下来的十三副铠甲，举行了祭天仪式，宣布起兵了。十三副铠甲的星星之火，先是起兵灭了尼堪外兰，然后统一了建州女真，继而打败了海西女真的叶赫部，经过近三十年的浴血奋战，终于在建国的第三年即1618年统一了女真，终成燎原之势。在这期间，努尔哈赤除了显示出他的军事才能之外，还显示了他的治理才能，为适应当时政治经济的需要，他创建了八旗制度，设立了议政王大臣，与八旗旗主共商国是。这是一个初具规模的政权架构。

四月十三日，羽翼丰满的努尔哈赤要对明朝出手了。这天他举行了出兵仪式，宣读了对明朝的七大恨，率领两万骑兵和步兵向抚顺进发，很快攻占了抚顺、清河。努尔哈赤在攻破抚顺、清河之后，又在吉林崖（今辽宁抚顺市东）筑城屯兵，加强防御设施，派兵守卫，以扼制明军西来之路。

抚顺、清河的接连失陷，让万历老爷子坐不住了。毕竟是朱家的天下，祖辈留下来的江山，不能让人一口一口地侵吞，他得有所动作了。于是，他派兵部左侍郎杨镐为辽东经略，又从川、甘、浙、闽几省抽调了十几万兵力，还邀请朝鲜以及还没有被努尔哈赤征服的叶赫部出兵参战。粮饷不足，就从全国各地加派二百万两银子，以充军饷。

1619 年二月，在万历老爷子的一再催促之下，辽东经略杨镐坐镇沈阳，排兵布阵，兵分四路对努尔哈赤进行围剿。西路指挥官杜松，东路指挥官刘綎，北路指挥官马林，南路指挥官李如柏。目标就是收复抚顺、清河，把努尔哈赤赶回赫图阿拉。

明军的作战意图已经被努尔哈赤得知，也有的说是杨镐把作战方案写信告知了努尔哈赤。努尔哈赤在得知明军的行动部署之后，分析了敌情，他认为，明军南北二路路途遥远，道路险阻，宜采取集中兵力，各个击破的作战方针，“凭你几路来，我只一路去”，将六万兵力集结在赫图阿拉附近，准备迎击明军。这位久经沙场的老将，面对两倍于自己的明军，沉着冷静，心里装着一个军事家克敌制胜的信念。

2 月 29 日，努尔哈赤发现刘䌹的东路军从宽甸北上，杜松的西路军已从抚顺出发，进军神速，孤军深入（这是杜松犯的第一个错误）。决定以少量兵力干扰刘䌹的部队，迟滞他们的行军速度，集中八旗兵力，迎击杜松的西路军，三月初一，杜松的部队已进入萨尔浒，而且兵分两路，主力驻在萨尔浒附近，自己则率领部分兵力进攻吉林崖（这是杜松犯的第二个错误）。努尔哈赤看到杜松孤军深入，兵力分散，一面派兵支援吉林崖，一面率领主力部队进攻杜松的部队，白山黑水之间，人喊马嘶，刀光剑影，杀声震天，令那些豺狼虎豹、獐狍野鹿全都躲在原始森林里不敢出来，须臾之间，明朝西路军全军覆没。

努尔哈赤歼灭明西路军以后，马不停蹄，率八旗主力直奔尚间崖迎击马林的北路军，马林是个文人，没有实战经验，兵力也处于劣势，抵挡一阵之后，经不住八旗主力的攻击，也就落荒而逃。

刘䌹所率领的东路军因为山路崎岖，行军速度缓慢，没有按时抵达赫图阿拉，此时，他还不知道杜松和马林两部已经失利，还在向北挺进。

努尔哈赤击败马林之后，立即挥师南下，迎击刘䌹的东路军。他知道刘䌹是个能征惯战的将军，没有采取硬碰硬的正面攻击，而是略施小计，先把主力在赫图阿拉南边的阿布达里岗埋伏，然后派少数兵力冒充明军，穿着明军的衣服，打着明军的旗号，拿着杜松的令箭，谎称杜松的西路军已抵近赫图阿拉，要求刘䌹急速前进。刘䌹信以为真，命令部队轻装前进，刘䌹的先头部队走到阿布达里岗，遭到了八旗兵的伏击，刘绖被杀。至于东路军的后续部队，努尔哈赤就只当零食吃了。

杜松、刘绖、马林三军的败绩，使坐镇沈阳的辽东经略感到大势已去，三月初五，慌忙调南路军李如柏回师。李如柏撤退的时候被努尔哈赤的侦察兵发现，在山上发出进攻的螺声，李如柏慌忙溃逃，士兵互相踩踏。死伤千余人，但总算保住了南路军。朝鲜派来的兵马，投降了努尔哈赤，后被释放回国。此次萨尔浒战役，以明军的一败涂地宣告结束。明军死伤将领三百多人，死伤士兵四万一千多人。

李如柏逃了，南路军逃了，此刻的战场一片安静，努尔哈赤穿着铠甲，骑着马，站在山顶上，看着两军刚刚还在厮杀的战场，一股豪气在胸中奔腾！

萨尔浒战役使明朝在辽东的军事实力受到了毁灭性的重创，接着，努尔哈赤攻下了铁岭和开原，八月，努尔哈赤又顺手消灭了叶赫部，完全统一了女真。至此，努尔哈赤的目标只剩下一个：明朝。至此，周期率又一次显示了它的铁一般的规律，明朝的克星出现了。

第十二章　辽东告急

萨尔浒之战，明军败得一塌糊涂，万历皇帝震怒了！要人给人，要给养给给养，竟然交上了这样一份惨不忍睹的答卷，气得神宗皇帝把辽东经略杨镐扔进了监狱。

辽东不能丢，他也丢不起。于是，他和大臣们千挑万选，挑出来一个熊廷弼，这倒是一个敢作敢为的人，万历二十六年进士，曾任保定推官，在任期间，大刀阔斧把被税监王虎冤枉并且收监的人全部释放，显示了他的才干和气魄，因此被擢升为监察御史。1608 年他还曾巡按辽东，对那里的情况比较熟悉，这一次让他挂帅辽左，给了他一个兵部右侍郎兼右佥都御史，副部级。熊廷弼倒也没有推托，他向万历皇帝提出几个条件，一、朝廷抓紧派遣将士，准备粮草，修造器械，不要节制我的费用，不要延误我的时限。二、给我一定的自主权，不要用一般的规矩来管制我。三、不要从旁掣肘，特别是别听那些言官的胡说八道。

这些条件是以奏疏的方式提出来的，首辅方从哲看了，替他捏了一把汗，这些具有要挟性质的条件，会不会激怒皇上？不过还是硬着头皮报上去了。没想到，万历老爷子这回倒是好性子，不仅完全答应了他的条件，还给了他一把尚方剑，看来老爷子是真的急眼了。

熊廷弼身材高大，脾气火暴，性情刚直，胆子大，懂军事，两眉之间有三条深深的“川”字形皱纹，似乎随时都可能爆发。他到达辽东，马不停蹄地巡视了一番，还到沈阳罢了总兵李如桢的官，把他赶走了。到已经被努尔哈赤占领的抚顺大张旗鼓地转了一圈，杀掉逃跑的将领，祭奠阵亡的将士，召集溃散的士兵，对辽东的形势了然于胸，然后就雷厉风行地干了起来。他一方面督促士兵打造战车，修造火器，开挖战壕，修筑城墙，做防御的准备，一方面召集逃跑的百姓，让他们回来种地。几个月以后，防御初具规模，他组织了一些强悍的官兵，开展游击活动，骚扰女真的零散部队，给努尔哈赤添堵，让努尔哈赤不胜其烦，但又奈何他不得。

这些基础性的防御工作做好了，他向万历皇帝呈上奏疏：请召集军队十八万人分布在云阳、清河、抚顺、柴河、三岔儿、镇江等战略要地，首尾呼应，小的战事各自拒敌防守，大敌来时则互相接应、援助。奏章呈上去以后，神宗皇帝接受了他的建议。

皇上大笔一挥，容易。动用军队是个烧钱的事，上次萨尔浒战役就差不多把国库掏空了，还从各地加派了二百万两，如今调动十八万军队，军需更是个天文数字，钱在哪儿呢？这事不归皇上管，那是户部的事。

奏章前脚发出去，后脚他就让辽抚周毓、阳永春再写奏章，称辽饷将绝，事不宜迟，他要把螺丝拧紧，让朝廷有点压力。但他却没想到，他这里拧螺丝，差一点儿让刚刚服阕的户部河南司主事鹿善继陷于灭顶。

鹿善继之前虽然在家守孝，讲学，忙籽粒折征的事，但他也一直关心着朝廷的事，位卑未敢忘忧国，对于辽东的事他也一清二楚。李成梁放弃宽甸六堡（宽奠堡、长奠堡、永奠堡、大奠堡、新奠堡、苏奠堡），迁徙十多万居民到内地居住；萨尔浒战役惨败，辽东失去了所有屏障，只剩下山海关首当其冲了。幸亏出了一个熊廷弼，出守辽东，绝不能让他因为缺饷而再失辽东，作为户部的官员，辽东的奏章他自然能够看到，他很着急，得想办法解辽东的燃眉之急。否则，户部将难辞其咎。可国库空空如也，没有银子，他一个六品主事能有什么办法呢？

“伯顺，广东的金花银到了。”

鹿善继正在户部他的办公处翻阅辽东的奏章，贾鸿洙推门进来，向他报告。

“你说什么？”

“广东的金花银到了。”

“好，好，好。”鹿善继眼前一亮，连说了三个“好”字。

贾鸿洙不解地望着他。

鹿善继说：“孔澜（贾鸿洙的字），你把文弱（杨嗣昌的字）、海石（周思兼的字）叫过来，咱们商量一下。”

不一会儿，三个人一起来了。鹿善继把朝廷的邸报和辽东的奏章拿给他们。等他们看完，然后说道：“辽东告急，人吃马喂都成了问题，我们不能眼睁睁看着辽东再出问题，得想个办法。”

打了这几年的交道，三人知道鹿善继心里已然有谱了，只等着听他的下文。

果然，鹿善继说出了一句石破天惊的话："我想把广东的金花银扣留下来，不进内库，直发辽东。请你们各抒己见。"

杨嗣昌击节道："我赞成，衙门一向措饷刻薄，唯有你这个想法差强人意。"

贾鸿洙说："这倒是个好办法，可是咱们担得起责任来吗？私自动用国库可是个很大的罪责。"

鹿善继脸色凝重地说："这个事我早有心理准备，当年我爷爷因为建言，贬谪十二年没有安排官职，老死林泉。一旦绝饷，军心涣散，辽东不保，为了国家疆土，哪怕杀头我也认了。人生天地之间，第一等，要做的是报效国家，而报国家又往往在安危存亡之际。"

周思兼说："法不责众，我愿意和你一块儿承担。"

贾鸿洙说道："虽说是伴君如伴虎，但我想事情还不至于那么严重。这金花银是建国之初以粮折银留下的例，四石粮食折一两银子。为什么叫金花呢？是指银子的质量，要求所交的银子表面要有金花，以后就叫金花银了。当时的金花银都解到南京，用于武臣的俸禄，而各边境地区如果有战事，也从其中支付。到了正统年间，才不再解往南京，而是解到内库。到嘉靖年间题准，不管是三宫籽粒，各地运来的钱粮，还是金花银，一律存入国库，'悉备各边应用，不许别项挪借'。煌煌典籍，有据可查，即使龙颜震怒，也要遵循祖制吧。"

鹿善继听了，更加理直气壮了，他说："明明典籍，皎若星辰，今边烽之告急，没有比现在更加急切的了，军需之应用，没有比现在更加紧迫的了。如果按照一般程序，先写奏疏，再等皇上圣旨，一旦皇上束之高阁，宦官再荧惑其间，得旨遥遥无期，等到圣旨下来，黄花菜都凉了。为今之计，与其请内帑，不如留金花，与其入而复请，不如未进而权留。吃到嘴里的食物，再吐出来就难了。我们只有一面题知圣上，一面把金花发往辽左。等到皇上察觉，木已成舟，还能怎么办？皇上既爱金玉，就不爱江山了吗？”

他扭头对贾鸿洙说：“孔澜，你去查一查典籍，查详细一点。金花银就放在户部的仓库里，暂不入内库。我去找部台大人请示。”

第十三章　金花银

在户部衙门，鹿善继进见户部尚书李汝华。这是一个很随和的老头儿，永远也见不到他的喜怒哀乐，无论对谁，哪怕是政敌，也总是和颜悦色，无论天大的事，也不会乱了阵脚。鹿善继知道，部台是皇上最器重的大臣之一。

李汝华笑眯眯地问鹿善继："有什么事吗?"

"我见到辽抚的奏疏，辽饷将绝。"

户部尚书往太师椅后背上一靠，双手向后拢了拢一头灰白的头发："我也正为这事发愁呢。"

鹿善继说："广东的金花银到了。"

"你是说……"

鹿善继心急的是辽饷，没有看清部台大人眼睛深处的含意，直通通地把心里的想法说了出来："我想扣留金花银，解辽东之急。"

"哦，督部有此议论，天津右堂也有奏疏请留金花。可咱们总得有个依据吧。"

鹿善继把贾鸿洙所说的典籍说出来。

李汝华说："那好吧，金花且不要入内库，所说的会典，晚上你拿到我的寓所查来看看。"

鹿善继听到这儿，高兴地一下子跳起来：“好!”然后，告辞。

晚上，鹿善继如约来到李汝华的寓所，两人认真查看会典，确认无疑：“金花银国初所折粮者，俱解南京，供武臣俸禄，而各边或有缓急，间亦取足其中。”“正统元年，始自南京改解内库，嗣后除折放武俸外，皆为御用。”“嘉靖二十二年，题准，三宫籽粒，及各处，京运钱粮，不拘金花折粮等项，应解内府者，一并催解贮库，悉备各边应用，不许别项挪借。”

查完，李汝华心里似乎有了底，对鹿善继说：“你去写个奏章，越快越好。最好明天交给我。”

鹿善继答应下来，急匆匆告辞回家，他想连夜完成奏章。

晚饭之后，鹿善继挑灯夜战，笔走龙蛇：“为酌舆论，复金花，以明祖制，以济边需事。照得每岁广东解到金花银两，司官恭进大内，此近例也。今据该省差官赵崇志解到银五万两，听候交纳，顷接邸报，见督部右堂有扣留金花之意……盖事至于今，用兵之局，未知以何时结，措饷之路，则业此时穷……”写到这里，他想，该如何把辽抚的奏疏内容写进去，思考了好一会儿，拿不定主意，一阵困意袭来，他打了个哈欠，心想，明天早晨再写吧，就在书房的榻上和衣而卧。睡不多时，一阵敲门声把他惊醒，不一会儿，看门人领进一个户部小吏进来。

鹿善继问看门人：“几更了?”

看门人答道：“四更。”

小吏说：“部台大人请你立即过去，有事相商。”

鹿善继说：“好吧，你先回去，我马上就过来。”

鹿善继心想，这么急急忙忙地，怕是事情有什么变故，他没有立即去衙门，而是点燃蜡烛，秉烛成稿，然后，坐车去见部台。黎明之前，京都的大街上依旧凉风阵阵，鹿善继打了个寒战，紧了紧衣服，继续前行。

到了户部衙门，李汝华已经等候多时，见鹿善继到来，也不废话，张口就说："内承运库的王公公连夜拿着督部的奏疏过来，上面有皇上的旨意，说得有些严厉，看来金花的事情咱们不便再请示了。"

鹿善继看了看皇上的旨意，说道："我看，皇上的旨意还不算严厉，倒是有几分温和。皇上也在为措饷的事着急，督部空口说白话，皇上自然要给他们点儿颜色看看，这次我们换个提法，以祖制请示，没准儿还有些希望。"

李汝华为难地说："同是因为金花的事，才批不许，怎敢再提？"

鹿善继一笑："不妨，我们换个主题，以辽东的奏疏为根据，就不同了。我们的奏章里强调了辽饷的事，督部说的是请留金花，我们说借，皇上见有还的时候，就又不同了。自然会重新考虑的。"

"皇上再批不许怎么办？"

"我们先把金花发往辽东，皇上再要追究，我们就说事情紧急，无暇候旨，到那时，皇上也无可奈何了。"

"先斩后奏，万一皇上震怒，那事情就不可收拾了。"

"部台只管把奏章交上去，万一皇上抓住不放，你就说我自作主张，要杀要剐，'请自隗始'，由我自己承当。'险夷原不滞胸中，何异浮云过太空。'只要保住辽东，一切都值！"

李汝华看了看鹿善继代堂部写的奏章，倒也句句有理有据，就说："那我们再做一次努力。"送走鹿善继，他就起身到乾清宫去了。

鹿善继回到家里，就接到叔父病逝的消息，他很悲痛，本想回去奔丧，但金花的事还没有落实，他不便回去，但也因过度悲伤病倒了。

他在床上躺了一天，第二天一大早，他刚勉强喝了一碗粥，内承运库的王公公就来了。王公公是为金花银的事来的，催他赶紧上交内库。他只能推托："你看，我正在生病，等我好一点儿了就去交割。"王公公看他确实在生病，也不好再说什么，直接回乾清宫向万历皇帝复命去了。王公公走了，鹿善继也没闲着，他知道皇上盯上这笔银子了，一不做，二不休，他索性派人把贾鸿洙找来，吩咐他，立即把金花银发往辽东。贾鸿洙犹豫地说："这样做，风险太大了。"鹿善继摆摆手："事不宜迟，马上去办，一切后果由我承担。"

就在贾鸿洙把金花银发往辽东的同时，万历皇帝的圣旨也送到了户部。圣旨不长："朕以东征将士，荷戈挂甲劳苦，每念粮饷不继，时轸朕衷。其每岁金花银两，系内供正额，见今内库缺乏，册封各项典礼，成造钱粮，并各官赏赉、武官俸粮等项，尚不敷应用，尔部累年所进金花银两，拖欠至一百余万，仍将各处进到税银，接济凑用，昨已发过内帑五十万两。辽饷是尔部执掌，自当悉心料理，筹画给发，去岁过饷银三百余万，自师丧之后，该镇兵存几何？饷归何项？尔部不一清查，动辄以请帑为词，希图塞责，今又将进到金花银两，未经奏请明白，擅行借用，是何体制？内供何赖？先年有此纪纲否？近来各官不遵国宪，肆意要挟，好生欺玩。……各处解到金花银两，着作速解进内库，以济急用，以后如再仍前违玩不遵，的重治不恕，故谕，钦此。”

等到鹿善继病愈之后，看到圣旨，他反倒笑了，心说，幸亏金花已经发出去了。

且说王公公到乾清宫向万历皇帝报告了广东金花的事，皇上只是说知道了，并让他写个奏章进来。王公公为这事跑了好几趟，还跑到鹿善继家里，好像求他似的——本公公什么时候干过这么低三下四的事？他心里憋屈，决心好好惩治户部和鹿善继一番，他回到承运库，摊开纸笔，把心里的气愤和墨汁融和起来，开始写他的奏章：

“内承运库署库事内官监太监臣王某等奏万岁爷，万历四十七年七月二十六日，李长寿传圣旨，李汝华来了，差官去催银两进来，如不进来，记司官名字来处他，写本来奏，钦此。臣等谨遵明旨，即差长司官李茂春赴部面讲……惟广东司官鹿善继，银已济急，无从措处，待后补进，据此，理合奏知。奉圣旨，这金花籽粒银两，原系内供正额，屡已有旨明白，该部不候明旨，擅自借留，是何纪纲？今又久稽在部，不行速进，况今在内缺乏支用，无从措处，屡旨催促，漫不经心，堂上官职掌何在？该司官背违明旨，互相推诿，好生可恶……如仍前怠玩不遵，该司官都重治不饶，该部知道。”

看来这位王公公文化程度不高，又没写过奏章，写完这篇狗屁不通的文字，还有点儿沾沾自喜，自我欣赏了好几遍，然后又去照了照镜子，看一看完成了一件伟大工程之后自己的尊容，这位公公看到的是没有胡须的脸上、唇上沾的满是墨迹。

待王公公再次从乾清宫出来的时候，脸上挂满了不解。他满怀期待地把奏章交给皇上，万历看了，只轻轻地说了声放那儿吧，就没有下文了。他又不甘心地问了一句：“那鹿善继……？”

万历云淡风轻地说：“我自有办法处置，这事你就别管了。”

王公公摇了摇头：“唉，君心难测呀！”

第十四章　暴风雨前的寂静

一晃过去好几天了，皇上那边一点动静没有，连个口谕也没有。朝廷里的大小臣工倒是七嘴八舌，纷纷上疏，有的支持鹿善继，说辽东事大，理应接济；有的持不同意见，特别是那些御使之类的言官，看热闹不嫌事大，他们说这么大的事，不经皇上圣谕，私自动用内库银两，应该严惩。任凭臣工们七嘴八舌，皇上就是一言不发，“任尔东西南北风”，几天下来，也就没人再说什么了。

寂静！死一般的寂静！

这出奇的寂静，首先让户部尚书李汝华沉不住气了。事关他的宦海沉浮，事关鹿善继的前途命运，他能坐得住吗？这天他终于想了个主意，把鹿善继找来，对他说：“你替我写个认罪疏吧。”

“认罪？我们何罪之有？”

面对这个较死劲的下属，他不得不说实话了：“我拿着这个认罪疏，探探皇上的口风，你明白了吧？”

鹿善继深感部台的一片好心，勉强同意了。

第三天，鹿善继把写好的奏疏交给了部台大人，李汝华看也没看，就放在袖筒里，去了乾清宫。等他从乾清宫出来，心里更加没底了。他回到户部衙门，脑子里对刚才的觐见过了过电影。

他走进乾清宫，行过大礼，万历皇帝问他："什么事?"

"认罪。"

"什么罪?"

"挪借金花银。"说着从袖筒里拿出疏稿。

"拿来吧。"皇上拿过疏稿看了一遍，笑了，"你这是认罪吗？这是辩解！你自己看看吧。"

李汝华接过疏稿，这才仔细看了看，疏稿写道："钦遵，臣闻命自天，不胜惊惶，除遵行外，所有原传奉圣谕一道，理合具本进缴，窃军兴烦费，系臣部职掌，无不呕心料理，但九边旧饷，尚在拖欠，至于新饷，毫无所出，不得已而挪借搜括，抽扣加派，东凑西挪……"后边是一组数字，这些数字他都清楚，略过数字，他接着往下看，"适见辽抚辽饷将绝一疏，臣等寝不睫目，益惶悚无计，今举朝大小臣工，咸谓金花可以救急，适有广东等司解到金花十一万，臣于前二日具疏暂借，未蒙发下，而辽左又复告急，时刻不能少待，臣等切思饷银一少，则辽阳危，而京师不守，其患大，金花暂借，则辽阳可保，而天下可安。且金花每岁可进，封疆一误难持，是臣等一时权宜，委属擅借。其发过三百万余，先已行查未报，除臣今再清查，俟报部之日具奏。"李汝华看了，真有些哭笑不得。好在万历皇帝没再往下追究，只说道："放那儿吧。"

这事皇上怎么处理，李汝华心里还是摸不着头脑。他也摇了摇头，叹息一声："唉，君心难测呀！"

此后，便只有内库的王公公隔三岔五地来催，鹿善继非常硌硬他，从来没有给过他好颜色，但他却像是不屈不挠的苍蝇一样，该来还是要来。

这天，来的不是王公公，换了太仓库的主管刘半舫，刘半舫拿出一个黄色的盒子，打开盒子，是皇上给内库的敕书，黄纸黑字，上面写道："传户部速将银五万两来补窝儿，如再不补，将司官名字写来，我重治他。"

刘半舫无奈地说："司官，不是我们逼你，这也是没办法的事，我的意思还是赶快补上吧，免得……"

鹿善继笑笑说："昨日为借，正为无银，今有可还，昨何用借?"

刘半舫叹口气说："那我怎么回奏呢?"

鹿善继说："就这么回奏。"

"就这么回奏，可就对司官太不便了。"

鹿善继说："身为朝廷臣子，生死唯命。"

刘半舫和鹿善继并不熟悉，听了这话，不由感叹地说："我虽然知书不多，但也知道官声的重要，也知道此举是司官的清名。可皇上执意要补，谁能挽回?唉，如果浙江、福建二司同心一齐发出去，早就没事了。"说完，惨淡而别。

事情僵到这个份儿上，一干同事也没了办法，皇上那边催得很紧，可鹿善继已经自作主张把金花银发往辽东，拿什么入库?可不补上这金花银两，历朝历代对这方面的法律都非常严厉，私自动用国库的东西那是要杀头的。同事们担心鹿善继的安危，又想不出什么好办法，只好每天到家里来陪他，或者轮流请他吃饭。

这天，一干朋友在贾鸿洙家里吃饭，参加的有行人司魏大中，兵科给事中杨涟，吏部稽勋主事周顺昌，都察院巡城御使左光斗，孙奇逢也被鹿善继拉来一块儿喝酒。一开始，酒桌上很沉闷，饭桌上，人们似乎只是为了一个过程，只有主角鹿善继该吃吃，该喝喝，就像没事人一样。主人贾鸿洙为了打破这沉闷的气氛，开口说道："大伙儿也别太担心，历代的法律虽然很严厉，但也不是没有例外，西汉的时候，河内郡发生了一起火灾，殃及了一千多户人家，汉武帝派汲黯去视察，汲黯回来向汉武帝报告说：'河内郡百姓家不慎失火，由于住房太密集，火势便蔓延起来，不必多忧。倒是我路过河南郡的时候，看到当地农民受到水旱之苦，灾民多达万余户，有的甚至易子而食，我就凭陛下给我的符节，下令以河南郡官仓的粮食赈济了灾民，现在我请求陛下赐我假传圣旨之罪。'汉武帝知道他动用官仓是为了解除百姓疾苦，就原谅了他，没有治罪。"

杨涟接着说道："历史上这类的事情屡见不鲜。东汉时，顺帝派第五访去当张掖郡太守，第五访刚刚走马上任，就碰上了灾年，粮价飞涨，一石粮食要数千钱，百姓处于饥寒交迫之中。第五访下令马上开仓赈济，救灾民于水火。管理仓库的官员对他说：'未经朝廷批准，擅自开仓是死罪。请太守三思。'第五访说：'若上须报，是弃民也。太守乐以一身救百姓。'从朝廷法度来看，私自开仓是死罪；从官场的常理来看，一般官员绝不敢冒死开仓，即使想要赈济百姓，也要先上报，等待朝廷批准，为自己留一条活路，保一顶乌纱。然而，第五访面对的是即将饿死的百姓，如果上报朝廷，必将延迟时日，必将有许多百姓饿死。因此他即使冒着死罪的风险也要先救百姓。此情此胆，令人钦敬！

“到了元代，又出了一个敢于自作主张的人，就是你的老乡张弘范，当时他还是大名府管民总管，至元二年，大名发大水，张弘范免掉了当地的田租赋税。此举在朝廷中引起了轩然大波，有人要追究他自作主张的罪过，张弘范请求觐见皇上，他对元世祖忽必烈说：‘臣以为朝廷的粮食储存在小仓库里，不如储存在大仓库里。’世祖问：‘什么意思?’他说：‘今年久雨，地面积水，颗粒不收，如果一定要百姓上缴田租，百姓将会饿死，明年的租税将从哪里征收？如果使百姓不致逃荒流离，那么年年都可以征收赋税，这岂不是陛下的大仓库吗?’元世祖说：‘张弘范知道体恤百姓，不必追究了。’法律是人订的，执行起来也要因事制宜，不是不可以变通的。”

“更何况，伯顺是为了辽东大局。”左光斗说。

魏大中说：“如果真的为了金花治伯顺的罪，那岂不是寒了人心!”

周顺昌说：“我会以吏部的名义为你开脱的。”

鹿善继笑了笑说：“感谢各位的好意。遇事不忧不惧，才是圣贤风度。我在给门人讲学的时候讲过，‘饮食起居不失常度，总像平时见得分明，故临时不致错乱，惧是非，惧风波，惧利害，以至患难死生之际，有一毫疚心愧色，便不得无忧无惧，真正豪杰从战兢惕励中来，能戒慎恐惧，才能破惧；到得能破惧时，则喜怒哀乐亦无不甚不中节处’。各位还都记得于谦前辈的诗吧，‘千锤万击出深山，烈火焚烧若等闲。粉身碎骨全不顾，只留清白在人间’。伯顺只求此心无愧，无愧于国家，无愧于辽东，仅此而已。”

席间，只有孙奇逢一言不发，因为他太了解鹿善继了，他只为有鹿善继这样一位朋友而骄傲。直到这时，他才说了一句："这才是伯顺。"

这时，从门外进来一个人，众人回头一看，是内承运库的王公公，谁也没有理他，只有主人贾鸿洙站起来，给他让座。王公公理也没理，寒着脸，尖着嗓子大声喊道："河南司主事鹿善继速到户部大堂听候发落。"

鹿善继看也没看王公公，神色如常，不紧不慢地边吃边喝，吃饱了，喝够了，轻轻放下筷子，擦了擦嘴，缓缓站起身来，振了振衣服，挥手说了声："走吧。"

鹿善继跟着王公公走了，留下众人，虽然早有思想准备，还是一脸愕然。贾鸿洙送出门外，挥手说了句："好自为之。"回头对孙奇逢说："一心报国，又如此不动心，可见修炼王阳明功夫之深。"

孙奇逢说："还是那句话，这才是伯顺。"

第十五章　胳膊拧不过大腿

到了户部大堂，李汝华已经正襟危坐，专门等候。见鹿善继和王公公等人进来，不动声色地看了鹿善继一眼，拿过宫中专用的黄纸文件，显然是皇上的诏书，对王公公说："请公公宣读吧。"

王公公也不推辞，拿起诏书，尖声念道："圣谕：堂官姑不究，司官夺俸一年。"念到这里，王公公愣了，他本想，如此强硬地违抗圣谕，不判死罪至少也要下狱，怎么只给了个夺俸一年？于是他放下诏书，头也不回地走了。

紧跟而来的几个朋友则是长长地吐了一口气。

李汝华看着王公公的背影，也没理他，扭头对鹿善继说："我尽力了，你吸取教训吧。明天早晨我去谢恩，还得给你擦屁股，五万两银子，我得想办法补上。"

鹿善继说："还得补哇？"

李汝华用奇怪的眼光看着他："不补行吗？这是我答应皇上的条件，不然，你还能在这儿站着吗？"

鹿善继说："部台不必管我，上意既坚，司官以生死争，部台以去就争，未必不可回转。"

李汝华不耐烦地说："金花银乃皇上的心头肉，如何割得？

这事你别管了，以后再议吧。”

鹿善继仍然担心李汝华要补银子，于是第二天他又到部台寓所求见。敲开门以后，一个童子出来，问他什么事？鹿善继说：“金花银的事，如果上边来催，请部台大人一定不要补，纵有处分，我愿意一人承当。这样，以后衙门的事还有可为，一补，则前功尽弃。”

过了一会儿，童子又出来说：“大人说了，有事明天衙门里再说。”

第二天一大早，鹿善继和几个同事一起走进户部大堂，没等鹿善继说话，李汝华拿过一份御扎递给他。只见上面写道：“户部尚书李汝华夺俸二月，司官降一级调外任，不许朦胧推陞。”

李汝华对山东司主事说：“你想办法给我把银子补上。”

鹿善继说：“还真补哇？”

李汝华板着脸说：“不补，你还想让我再一次谢恩吗？那我们俩就别想在朝廷里混了。小子，胳膊拧不过大腿，别说什么以身甘罪，你的命就值五万两银子吗？别撞了南墙还不回头。你还年轻，以后的路还很长，得学会保护自个儿，要想行稳致远，须懂进退之道，别再较劲了。”

话已至此，鹿善继感觉到了部台深深的善意，一股暖流冲上喉头，他也不好再说什么了，他悻悻地感叹道：“是啊，既非衙门中官，又何必管衙门中事呢？”说罢，一拱手退出去了。

对鹿善继的处分，不但没有使他尴尬，反而提升了他在朝廷大小臣工眼中的威望，连言官们都沉默了，背地里称他为“孤凤”。鹿善继走在大街上，无论他认识或不认识的朝廷官员，都对他拱手施礼，甚至有时碰上坐轿子的官员，对方也停下轿子，对他拱手施礼后，也不说话，然后钻进轿子里扬长而去。

鹿善继一直等待着如何发落，但一直没有下文。据周顺昌说，吏部曾问户部尚书李汝华，想降他为山东都转盐运使司判官，李汝华召杨嗣昌、贾鸿洙一起签字，被他俩拒绝了，阁部台省都为他写奏章讲情。吏部很为难，只好先拖一拖，所有奏章都没有上交给万历老爷子。

鹿善继等了这许多日子，没有结果，他有点儿不耐烦了，和朋友们商量，不如回老家去等着吧，在老家，他有亲人相伴，有门人听他讲学，强于在京城干巴巴地浪费时日。他和父亲商量，太公欣然同意。自从他服阕离家以后，讲学的事情就交给了太公，太公一直经营着家里的几顷田地，貌似一个庄稼老头儿，但家学渊源，腹有诗书，讲学对他来说不是什么难事。只是听到鹿善继为了金花银受处分的事，放心不下，才带着已经是解元的孙子鹿化麟来到京城，弄清事情的来龙去脉，他欣慰地对鹿善继说："儿子，你做得不错，虽说是降职夺俸，不丢咱们鹿家的脸。"

于是，鹿善继写了一份《请告疏》，疏中写道："为微臣待罪逾时，旧疾增剧，恳乞圣恩，俯允回籍调理事。窃照臣去年七月间，署广东司事，为辽饷将绝，借发金花银两权宜，即属苦心专擅，自知负愆，幸蒙圣恩，宽其斧钺之诛，仅从薄谪，……曲贷敢忘洪恩。……乃待命历时，旧疾复作，药饵增而饮食减，痰火盛而肌骨销，困顿旅邸，见者相惊……伏乞天恩，敕下该部，允臣回籍调理，……其为感激，没齿难忘矣。

臣无任激切待命之至。”

疏稿送上去几天，如石沉大海，鹿善继决定不辞而别了，反正朝廷一直这个松松垮垮的样子，多一个人少一个人，谁也不去查考。他再写了一份疏稿，交上去，跟几个朋友打个招呼，和太公、儿子坐着自家的轿车上路了。

到了京门孙奇逢讲学的地方，鹿善继想和孙奇逢道个别，此一去，还不知什么时候再见面。学堂里只有张果中在，鹿善继问他：“于度，启泰呢？”

张果中眨眨眼，狡黠地说：“他说去给一位挚友送行。”

鹿善继遗憾地说：“看来，今天是见不到他了。”

张果中说：“你应该会见到他的。”

出了京门，轿车顺着通衢大道一直向南奔驰。现在是万历四十八年的初春，天气乍暖还寒，柳丝上已经鼓起嫩黄的叶苞。算来服阕之后离家刚刚半年，就碰到金花一案，又被打回来了，心里真有点不是滋味。太公知道儿子在想什么，也知道儿子是个不容易被打倒的人，所以也不去劝慰他。

车到长辛店，路旁的长亭边上，停着几辆熟悉的轿车，鹿善继知道是几位同事和朋友来给他送行，心里一股热潮涌动，他急忙跳下车来，和太公、儿子一起奔向长亭。当他看到部台大人也来了，止不住流下一行热泪。

“哈哈，大家来为你壮行，别哭，弄得像小儿女似的。”

一句话，把大家都说笑了。

鹿善继把部台、杨涟、魏大中、左光斗、周顺昌、贾鸿洙、杨嗣昌、周思兼等人介绍给太公、鹿化麟，也把父亲和儿子介绍给部台和同事们相见。

见到孙奇逢，两人只会心地一笑，最相知的朋友，语言是多余的。

李汝华说："既然是来壮行，来，把酒倒满，先浮它三大白！"

鹿善继这时也恢复了平静，开玩笑地说道："怎么只有酒啊？"

"壮行嘛，就只有酒，等你回来的时候，我们山珍海味给你接风。"

鹿善继说"那可就遥遥无期了。"

李汝华说："很快的。"

周顺昌也说："很快的。"

远远地，又一辆轿车驰来，不知谁说了句："哎哟，太子府的车！"

鹿善继知道谁来了，赶忙快步走上前去，躬身施礼。孙承宗跳下车来："小老乡，临走也不跟老夫打个招呼，你真不够意思。"

"一个受处分的人，灰溜溜地走了也就算了，哪还有脸惊动你老人家。"

"干吗灰溜溜地？你做的有错吗？"说完，又追问了一句，"谁给你的胆子，让你屡屡抗旨？"

"良心。面对女真的虎视眈眈，能让辽东的将士挨饿吗？如果我们不拿辽东当回事，努尔哈赤早晚会成为大明的心腹大患。"

孙承宗叹了一口气："难得你看到了这一点。唉，走吧，总算是皇恩浩荡，保住了这颗脑袋。"

"这颗脑袋丢了也无所谓，它能保住辽左许多士兵的脑袋，值!"

正在鹿善继和孙承宗说完话，把孙承宗介绍给太公的时候，一辆军用轿车从北面急驰而来。车到长亭外，下来两个人，一个军官，一个赶车人。军官模样的人匆匆走到众人面前，拱手问道："有鹿善继鹿大人吗?"

鹿善继一愣，问道："你是……?"

军官答道："我是兵部右侍郎熊廷弼熊大人派来的，熊大人听说鹿大人为了辽饷的事受了委屈，派我特地赶来表示慰问。他说如果鹿大人对朝廷安排的职务不满意，可以到辽东去，他给你做最好的安排。我们昨天到的京城，今天早上去府上拜见大人，府上的人说大人回老家了，我们就匆匆追过来，所幸追上了。"

鹿善继说："谢谢熊大人好意，我们都是为了辽东大局，也无所谓委曲，只要辽东平安无事，大家都好。我一介书生，到军中也帮不上什么忙，还是回家去当教书匠吧。"

"那就随大人的意愿吧。对了，熊大人还听说了你们家太公贴军的事，他请你转达他对太公的敬意。"

鹿善继看了一眼太公，太公说："区区小事，不足挂齿。"

这里，我们还得解释一下贴军，西江村有几个在辽东当兵的人，家里少了劳动力，日子就难免有些紧巴，太公看在眼里，就从自家的田地里拨出十七亩地，和几家人一起耕种，收获归几个军人家属。按现在的说法叫作"拥军优属"，不过太公是自发的。

大家喝了壮行酒，鹿善继向众人深深一躬："伯顺告辞!"

然后拉着父亲和儿子上车去了，大家目送鹿善继的车渐行渐远，心里也说不清是个什么滋味。

鹿善继去国归里，那就让他踏踏实实地讲学吧。我们回过头来讲述朝廷里的天翻地覆。

第十六章　杨涟

万历四十八年，1620 年 8 月 19 日，明光宗朱常洛半躺在御榻上，身后靠着枕头，脑袋无力地靠在床头上。他很生气，真想让锦衣卫把杨涟抓来，狠狠地打他的屁股板子。

几天来一直守护在御榻旁边的侍读太监王安看他神色不对，急忙走过来用问询的眼光看着朱常洛，没有说话。

七月二十一日，万历皇帝驾崩。八月初一，太子朱常洛继位。一直觊觎皇太后之位的郑贵妃给他送来一份大礼：八个美女。朱常洛虽说是皇长子，但自幼不受万历皇帝待见，迟迟不立太子，经过众大臣的不懈努力，史书上叫“争国本”，万历皇帝才不得不立他为太子。但万历皇帝对他仍然是不冷不热，他自已则是战战兢兢，如履薄冰。如今自己当了皇上，大权在握，既然有人送来美女，何不为所欲为，尽情驰骋一番！竟然一夜临幸数人，体力不支，那就吃药。疯狂了四天以后，朱常洛病了，本来皇上病了，请御医来看看，是顺理成章的事，但郑贵妃给他找来的是略懂医术的太监崔文升，崔文升给他开的泻药，一晚上要拉十几次，于是，朱常洛支撑不住，只得以御榻为伴了。

恰在此时，兵科给事中杨涟写了一份奏疏。这份奏疏，胆子也太大了，他说，皇上生病，卧床不起，是崔文升用药所致，根本不是误诊。郑贵妃和李选侍互相勾连，郑贵妃想当皇太后，李选侍想当皇后，她们包藏祸心，利用崔文升加害皇上。外面传闻，说皇上生活上不知道节制，这是她们蛊惑人心，借以掩盖她们利用崔文升加害皇上的罪恶，堵朝廷众大臣悠悠之口，她们“既损圣躬，又亏圣德”，罪不容诛。至于郑贵妃的封号，尤其不合常理，若封太后，大行皇后该摆到什么位置？陛下的生母该给什么封号？请陛下收回成命。

郑贵妃是万历皇帝的妃子，万历皇帝死了，为了保住富贵，保住权力，就一心想要一个皇太后的名分。本来朱常洛也不想给郑贵妃太后的名分，无奈她一再纠缠，只好假意批给礼部，礼部知道皇上有意推托，也就拖着没办。

敢于指陈皇上生活上不知道节制，这还了得！你以为你是谁呀？看皇上气得不行，一时半会儿消不了气，王安只得开口问道：“皇上这是在生谁的气呀？”

朱常洛把杨涟的奏折递给王安，也没说话，兀自生他的气。

王安看了杨涟的奏折，对朱常洛说：“陛下有如此忠心的臣子，可喜可贺！”

朱常洛奇怪地看了王安一眼，指着杨涟的奏折说：“就这还算忠心？”

王安放下奏折，说道：“陛下大概还不知道吧，当初先皇病危的时候，让老奴带陛下去探视先皇的是这个杨涟；鼓动方从哲大人带着众大臣去乾清宫向先皇问安的也是这个杨涟。当时先皇身边只有一个郑贵妃，这郑贵妃又是个有野心的人，如果先皇驾崩，郑贵妃弄出一个假圣旨来，陛下还有可能登上大位吗？”

“就他一个兵科给事中？”

“是。就这一个兵科给事中，保障了陛下顺利登基。再看这道奏折，就知道杨涟对陛下爱戴有多深，明知惹怒了皇上有杀头的危险，还敢这样写，这得有多大的勇气和忠心。正所谓爱之深，责之切，陛下不觉得此人难得吗？”

朱常洛没有说话，他是信得过王安的，王安很早就跟着他，不管他的处境有多么艰难，王安始终不离不弃，忠心耿耿。倒是这个杨涟，他得好好琢磨琢磨。过了好大一会儿，朱常洛才对王安说：“你说的对。传旨，明日召见众大臣，还有杨涟及锦衣卫官校。”

圣旨传到外廷，一下子炸了锅，传召大臣倒还平常，传召杨涟就有点匪夷所思了，杨涟不过是一个六品兵科给事中，为什么召见他？理由只有一个，他写给皇上的奏折惹怒了皇上，而且还同时宣召了锦衣卫，除了对杨涟施以廷杖还能有什么解释？

首辅方从哲接到圣旨以后，心里也很着急，自从万历病重时杨涟怂恿太子“力请入侍，尝药视膳”，他说，太子是一国之本，国本动则天下乱。后来又联合科道敦促大学士、首辅率百官赴乾清宫问安，方从哲本来还有些犹豫，杨涟说：“令宫中知廷臣在，事自济。”可以看出此子是个有办法的人，甚至可以说是个能驾驭局势的人，他很看重杨涟，甚至对他很有预期。如果真的被皇上廷杖，从此一蹶不振，对朝廷来说是一个莫大的损失。他写的奏疏方从哲也看过，语言是犀利了一点，但杨涟说：“下猛药，治重病。”如今弄成这个样子，如之奈何？他把杨涟找来，要他赶紧上疏请罪，但杨涟不答应：“死即死尔，涟何罪?”

次日上午，众大臣来到朱常洛的寝宫，他还像昨天那样，无力地靠在床头上，和大臣们有一句没一句地闲聊，可他的眼睛总是在杨涟的脸上扫描，弄得众大臣把心悬在嗓子眼儿上。直到朱常洛把大拇指竖起来，指着杨涟说了几个字：“此真忠君!”这时大臣们的心才放下来，杨涟的心里则是浮现出几个字：士为知己者死！随后，朱常洛下旨：驱逐崔文升，收回封郑贵妃为太后的批文。以后的几次召见，每次都有杨涟。

虽然皇上下了圣旨，但郑贵妃还蒙在鼓里，她仍然住在乾清宫，拉着李选侍，扣着皇长子朱由校，做着皇太后的美梦，按照常理，她应该住在慈宁宫，只是在万历皇帝最后的日子里，她以照顾皇上为名，搬进乾清宫，如今万历皇帝已经死了，她仍旧赖在乾清宫不走，只为了等那个皇太后的名分，她知道皇上已经让礼部去办了。对于郑贵妃赖在乾清宫这件事，朱常洛也在两难之中，毕竟是先皇的妃子，他不好强迫她搬走，杨涟知道皇上的难处，这事只有他自己为皇上分忧了。在谁看来，一个兵科给事中，想让皇贵妃挪挪地方，势比登天，但杨涟另辟蹊径，带着一帮大臣，去威胁了一番也在朝廷做官的郑贵妃堂兄，四两拨千斤，郑贵妃从乾清宫搬出去了，这不由让朝中大臣们对杨涟刮目相看。

此后的八月二十五、二十六日，明光宗朱常洛接连两次召集内阁大臣、六部尚书，当然还有杨涟。议题是：后妃李选侍，伺候自己这么多年，很不容易，想封她为皇贵妃。又指着皇长子朱由校说，此子的母亲没了，以后就由李选侍来照顾他。这就有点蹊跷了，宫中有那么多宫女、太监，以后登基做了皇上，还愁没人照顾吗？无非就是皇上喜欢李选侍，想提升她在宫中的地位。当下，礼部尚书说道：既然有皇上口谕，那就这么办吧。

这时候，李选侍犯了一个低智商的错误——操之过急。她本来躲在帷幕后面，听到这里，她急不可耐，从帷幕后面伸出手来，把太子朱由校拉进去，耳语了一阵，然后把太子推出来，太子跪在朱常洛床前说："要封皇后。"

一石激起千层浪，这一下皇上和众大臣都看清了李选侍的用心，眼看皇上已无力回天，杨涟和大臣们只有等待，等待朱常洛驾崩以后铤而走险，力挽狂澜。

九月初一，登基整整一个月的朱常洛一命呜呼，驾崩了。这天上午，杨涟和方从哲一众大臣来到乾清宫，这一次，杨涟拉上了左光斗，他知道左光斗的胆略和干练，此刻，他需要左光斗，已是顾命大臣的杨涟，也有权力拉上左光斗。

驾鹤西去的朱常洛，安安静静地躺在床上。众大臣跪在地下，大声号哭了一阵，然后站起身来商量后事。这时，他们发现皇长子朱由校没有在皇上床边守灵——朱由校哪儿去了？这一下众大臣们慌了，开始四处寻找，询问在场的太监，也都支支吾吾，不敢回答。杨涟看见朱常洛身边的侍读太监王安向他使眼色，并用下巴指向西暖阁。原来李选侍为了"挟皇子以令群臣"，把朱由校藏在了西暖阁。这是她犯的第二个低智商的错误。杨涟读懂了王安的示意，转身对众大臣耳语了几句，众大臣走出乾清宫，向西暖阁跪下，请求面见储君。正当李选侍进退维谷的时候，王安随即走进去说："皇长子面见群臣以后就可以送回来。”然后拉着朱由校走出西暖阁。众大臣连忙把朱由校拥入早已准备好的辇车里，退出乾清宫。

李选侍这才回过味儿来，赶忙令太监李进忠去把皇长子追回来。李进忠追上众人，拉住辇车说道：“拉少主何往？少主年少畏人。”杨涟一把拉开李进忠，骂道：“殿下群臣之主，普天之下莫非臣子，还怕何人？你是什么东西，敢来管朝廷的事！”这个今天叫李进忠以后叫魏忠贤的太监不敢再说什么，他的眼睛直直地盯着杨涟，把这份羞辱牢牢地记在心里。辇车到达文华殿，举行了“正东宫位”典礼，议定，九月六日朱由校在乾清宫即皇帝位。

朱由校继位了，史称熹宗。但是，李选侍还是赖在乾清宫不走，她是想掌控皇上，干预朝政，圆她的太后梦。杨涟心急如焚，这可怎么办呢？最后，他想出了一个损招，让她自己走。他找到左光斗，让左光斗写一份奏疏，他把自己的想法告诉了左光斗。左光斗听了扑哧一笑：“亏你能想出这种办法。”

杨涟说：“人逼急了，什么办法都有。”

左光斗连夜写出了奏疏。拿来让杨涟过目。杨涟看了，击节道：“好，就这样了。”

左光斗在奏疏最后有几句要命的话：“武氏之祸，再现于今，将来有不忍言者。”第一层意思是说，武则天夺取了李唐的天下，他担心武则天夺位的事情重演。第二层意思是，武则天是唐太宗的妃子，后来又成了唐太宗的儿子唐高宗李治的妃子。这句话，李选侍受不了，明熹宗朱由校也受不了，他决定，赶走李选侍。

从万历皇帝驾崩，到朱由校即位，杨涟呕心沥血，几乎是夜夜不寝。他掌控了朝廷的走向，甚至说掌控了朝廷的命运也不为过。史书上称“涟须发尽白，帝亦数称忠臣”。

这一切，少年熹宗都看在眼里。

第十七章　官复原职

这天，一辆轿车赶进了北海孤亭，正在给学员解答问题的鹿善继听见车声，从屋里走出来。只见从车上跳下两个人，一个是工科给事中魏大中，另一个是魏大中的儿子魏学洢，一个二十多岁的帅小伙儿，鹿善继在京城里见过的。

鹿善继赶忙迎上前去，拱手为礼："哈哈，什么风把你吹来了?"

魏大中生气地说："你一走就是半年了，连个声气都不通，朋友们放心得下吗?"

这时，魏学洢也过来见礼："学洢见过伯伯。"

鹿善继走过去，拍了拍魏学洢的肩膀："学洢今年应该是二十六岁了吧？好帅气的小伙子。哪儿像你，对不起观众。"魏大中嘿嘿一笑，魏大中以丑闻名，老朋友之间，说什么都无所谓。

鹿善继见过魏学洢，赶忙把鹿化麟从屋子里叫出来陪伴魏学洢。

魏学洢上前一步，拱手道："见过化麟哥哥。"

鹿化麟还礼之后，问鹿善继："我们俩谁大?"

鹿善继说："当然是你大，你是万历二十一年出生，学洢是万历二十四年，你说谁大?”

魏大中说：“这你都记得?”

鹿善继说：“当然，江南有名的才子，七岁能诗，可惜生在了你们家，要是我的儿子多好。”

魏大中：“那就送给你吧。”

“这样的宝贝儿子，你舍得?我就当我的儿子养着吧，麟儿也好有个伴儿。”扭头对鹿化麟说，“你陪学洢玩儿吧，我们老哥俩儿好好说会儿话。”

魏大中说：“我们先去拜见一下太公。”

正说着，太公拿着镰刀从外面走进来。魏大中赶忙躬身施礼：“拜见伯父。”

魏学洢也连忙施礼：“拜见爷爷。”

太公见过魏大中，连说：“好，好，屋里说话。”忙把魏大中父子领进他的正房里。

魏大中从车上拿下一匣子月饼和两瓶杜康，走到屋子里，交给太公说：“伯父，眼看就到八月十五了，些许礼物，不成敬意，请您笑纳。”

太公接过礼物，说道：“自家人，来就来吧，还带什么礼物。”

屋子里魏大中和太公说些别后情景，说些稼穑之类的事，屋外，家人卸了车，把马牵到后院，拴在槽头，拌上草料。

鹿善继见魏学洢干坐着，有些拘束，对鹿化麟说：“麟儿，你带学洢去外面玩玩吧。”

魏学洢说：“伯父，学洢有些问题想请教伯父。”

鹿善继一笑：“这么急呀?”

魏学洢不好意思地说："朝闻道，夕死可矣。"

鹿善继见魏学洢认真的模样，哈哈一笑："好，你问吧。"

魏学洢说："最近读《论语》，开篇就说'学而时习之，不亦说乎'，我总觉得书上的注释不太确切，这次来，就是想请伯父赐教。"

魏学洢如此好学，让鹿善继很欣慰，他想了想，认真地答道："《论语》开卷就是一个'学'字，是学个什么？'时习'是什么事？寻常论学，一般就是说博文，强调记诵考究，其实孔子原有正经注脚，说的是大学之道就是学。以明德为核心，以天下国家为落脚点，以诚意为依托。除此之外就不成其为学。

"孔子之所谓学，就是子思所说的教，论语所说仁就是性，就是德。孟子所说心就是性，就是德，说德说性说天命，不如说心容易让人理解，又恐怕人们以为当下的人心就是心，所以阳明先生又称为良心，也称为本心。本心就是性，就是德。学就是修心，是为了致良知。人自出生后，就经常被惑、忧、惧影响，落得个穷也戚戚，达也戚戚，苦海无边，回头宜早，学到于人所不见之地，有内省不疚的功夫，这样的层次，这样的超脱，怎是考究记诵所能比拟的？

"下面我们再说'时习'。

"时习是什么？其实时习就是实习，就是实践，绝不是复习，不是重温。时习二字是在世界上习，是动中炼性，所谓儒门淡泊。圣人强于平常人的地方，正在难熬处超然，才得真性命，完全为天地立心，为生民立命。这就是所谓'知行合一'。

"阳明先生说：'知之真切笃实处即是行，行之明觉精察处即是知，知行功夫本不可离，只为后世学者分作两截用功，先

却知行本体，故有合一并进之说，真知即所以为行，不行不足谓之知……’

“学是一辈子的事，是学不完做不尽的，只要做到不厌不倦，默而识之，下学上达，朝闻夕死，格物致知，不欺初心，还复了本心，成了个人品，也就懂得了学的真谛。等学到了心正身修，国治天下平。也就不虚此生了。

“我们再说‘不亦说乎’。‘说’就是‘悦’，古时候说、悦同音同意。这‘不亦说乎’在这句话里占了很大比重。什么是‘悦’？就是高兴。这么多年来，学，成了一件很辛苦的事，为什么？大多数人把学当成科考的阶梯，秀才、举人、进士，一级一级地爬，这就得拼上‘三更灯火五更鸡’，拼上‘十年寒窗’，拼上‘头悬梁，锥刺股’，不停地‘考究记诵’，哪儿来的‘悦’？如果把学当成通向圣贤的途径，每当弄通了一个观点，向圣贤的路上迈进了一步，能不高兴吗？这就是为什么颜回‘一箪食，一瓢饮，在陋巷，人不堪其忧，回也不改其乐。’学的目的不同，结果也就天壤之别。这正是孔孟嫡传，无欲故静。这时习章说学要‘悦’，这是何等的层次！还记得《乐学歌》吗？”

“记得。‘人心本自乐，自将私欲缚。私欲一萌时，良知还自觉。一觉便消除，人心依旧乐。乐是乐此学，学是学此乐。不乐不是学，不学不是乐。乐便然后学，学便然后乐。乐是学，学是乐。於乎，天下之乐，何如此学；天下之学，何如此乐’。”

“记着，学，要在乐中学，就像颜回那样，一箪食，一瓢饮，在陋巷，人不堪其忧，回也不改其乐。这就是孔子说的

'说'。说明白了吗?"

"明白了。伯父的见解,自成一家。"

"自个儿的读书心得罢了。我最近要写一本《寻乐大旨》写完了给你看看。"

魏大中在西江村盘桓了五天,鹿化麟带着魏学洢转遍了黄金台、慈云阁、卧龙岗、杨继盛墓,还受父亲的委托拜访了新任县令王中讱。鹿善继和魏大中两人则是在北海孤亭读书论道,时而解答一些学员提出的问题,倒也清静洒脱。

这天吃过午饭,一家人坐在客厅里闲聊,王夫人双手捧着一件新衣服对魏学洢说:"我给你做了件衣裳,来试试合不合适。——把身上那件扔了吧,你爸也舍不得给你做件衣服穿。"

魏学洢腼腆地一笑,走近王夫人,开始试衣服。

王夫人给他穿好衣服,扣上扣子,左看看,右看看,展展衣领,抻抻大襟:"好,挺合适。要不要?"

魏大中说:"要,嫂子做的,干吗不要?"

王夫人斜了魏大中一眼:"要可是要,别给我烧了。"

一句话,让魏大中尴尬地笑了。原来,魏大中从小家里赤贫,万历三十七年,魏大中考中举人,家人特意为他购置了一身新衣服,魏大中得知后,不但不接受,反而气愤地把它烧了。这事很多同事都知道。

魏大中不好意思地说:"嫂子哪壶不开提哪壶,这都猴年马月的事了。"

鹿善继乘机说:"廓圆,你也别太苦了自己,你看,到朝中为官已经五年了,也不带家属,父子俩租住着两间厢房,连个做饭的人都没有。如今你也是工科六品给事中了,不比以前的九品行人。”

魏大中长叹一声：“唉，穷惯了，放不开。”

正说着，大门一响，又进来一辆轿车，鹿善继一看，就说：“是景文来了。”

脑袋浑圆、身上浑圆的周顺昌跳下车来，一眼看见魏大中：“你怎么也在？”

魏大中说：“我来了好几天了。”

“真不够意思，来的时候也不打个招呼。”扭头对鹿善继说，“你，官复原职了，我是特地跑来报信的。”

“这么快？”

“万历老爷子驾崩，太子继位，大概是他的老师孙承宗帮你说了句话吧。”

鹿善继平静地问：“让我什么时候履职？”

周顺昌说：“不急，太子刚一登基，郑贵妃就送给他八个美女，把新皇累坏了，现在正卧床将养。杨涟、左光斗他们正在运筹帷幄，要不就一块儿来了。”

“那你就多住几天。”

“好哇，有酒有肉，神仙过的日子，多住几天何妨？”一向寡言少语的周顺昌，一到北海孤亭，他就放开了。

第十八章　原为辽饷去　复为辽饷来

鹿善继是十一月初三日才到朝廷受事的。周顺昌临走的时候告诉他，朱常洛这时候正在床上躺着，看样子是好不了了，让他不必急着去“上班”。看看情况再说。正好鹿善继借机处理了一下家里和讲学的事。果然，朱常洛只当了一个月的皇上，就驾鹤归西了。你还别说朱常洛是中国历史上最短命的皇上，汉朝的刘贺只当了二十七天，就让霍光把他赶下台去，朱常洛比刘贺还多当了三天。

闲话少说，这次回来，虽说是官复原职，可又给他一个新的差事，把专为辽东设立的新库交给了他。这是一个很棘手的差事，朝廷里的国库本来就很“干净”，辽东的战事很紧，这本来就是个烧钱的事情，后勤供应又是个“唯此为大”的事，“无米之炊”的局面让鹿善继头都大了。“急之不能，缓之不可。”鹿善继无计可施，大司农只能加派于民，但农民的钱袋子也不是水龙头，一开就有水，加派的钱粮迟迟不能运到，正所谓“索饷者猬集而解者不时至”，所以下面解来一批钱粮，鹿善继就当面发放一批，抢不到的也就只能等下一批了。鹿善继心系辽东，经常叹息：“天下哪有粮草不济而封疆大吏以军约口马裁腹而成功者?”于是，他接连两次写了《请发帑疏》，但以朝廷当时的混乱状况，都被留中了，是不可能“上达天听”的。焦劳烦郁的结果是，鹿善继受事两个月之后，大病一场。这一病，着实不轻，“一病几死，伏枕逾月，尚未出门，病骨自怜”。他在写给张诚宇的信中甚至写道：“辽饷中断，师期已误，叫天不应，祸至无时，愤懑丛结，旧病复发，顾影自怜，归计已决。”他有时候自嘲地说：“原为辽饷去，复为辽饷来。”他把这归结为自己与辽东有不解之缘。以后的事实证明，他的感觉是对的。

在鹿善继上班到生病的几个月中，朝廷里权力再分配的构架已经明确地显现出来了。

退休二十多年的赵南星，当了吏部尚书；高攀龙当了光禄寺丞；邹元标，任大理寺卿；孙慎行，礼部尚书；左光斗，大理寺少卿……这些人还有一个共同的名字：东林党人。

本来我对党争不感兴趣，故事中的每一个人都想作为“这一个”来写，但是，明朝末年东林党和浙党、楚党、齐党的斗争又贯穿了每一个年轮，看来绕是绕不过去了，那就啰唆几句吧。如果你看到这本书，也不必记住这些名字，只要知道明朝末年有一个东林党就可以了。

东林党的创始人是顾宪成，他是无锡人，万历八年进士，任吏部文选司郎中。顾宪成敢于直言极谏，敢于非议朝政，万历老爷子很不喜欢他。万历二十二年，朝廷让大臣推举阁臣，顾宪成推荐的人，都是万历讨厌的人，谁会喜欢专门跟自己唱反调的人呢？于是，老爷子罢了顾宪成的官，把他赶回老家无锡，从此眼不见，心不烦。

顾宪成回到无锡，开始了讲学活动，宣扬自己的政治主张。无锡有一座宋朝人杨时讲学的书院，叫东林书院，无锡县知县帮他重新装修了一下，就在那里开始讲学，沿袭旧名，还叫东林书院。顾宪成无论在当时的社会上，还是在士大夫阶层，声望都很高，很快吸引了一大批学者、被朝廷罢斥的官员甚至在任的官员前来捧场，东林书院崇尚气节，提倡实学，议论朝政，很快从一个学术团体成为一个政治派别，形成了一股政治势力，反对他们的人就称他们为“东林党”。由于有朝廷官员参与，他们的政治主张也直接影响到了朝廷，一个由平头百姓牵头的政治势力影响朝政的现象，在中国历史上是不多见的。所谓“党”，只是一种叫法，既没有政治纲领，也没有严密的组织形式，只有一批志同道合的人，一批饱读诗书、满腹经纶，有理想，有抱负，忠君爱国，想把朝廷的事情办好的人，走到了一起，就成了“东林党”。

东林党的人一般都很正直、廉洁，据我了解，除了汪文言和李三才之外，很少有贪腐的事。汪文言是另类，他没有读过多少书，狱吏出身，做事也就另类；李三才管漕运，身在钱堆里，想不贪也难。但东林党人有一个致命的弱点，他们不懂得团结大多数，在他们看来“非我族类，其心必异”，当然，我们也不能要求他们接受三百多年后毛主席的统一战线思想。这就为以后东林党人遭受重创埋下了伏笔。

举个例子来说吧。首辅方从哲老头儿是浙党，叶向高 1614 年退休以后，方老头一个人苦苦支撑了七八年，功劳苦劳都有，平时谨言慎行，有点儿懦弱，与人无害。但东林党人就是容不下他，找个什么辙呢？说是方从哲和郑贵妃勾结，故意让崔文升给皇上下药；另外，朱常洛死前吃了一种“红丸”，献红丸的人叫李可灼，最初李可灼进宫献药是方从哲把他赶出去的，后来朱常洛听说了，让人把李可灼找了回来，吃了药以后时间不长就死了。究竟红丸是不是朱常洛死亡的直接原因，这事跟方从哲有没有直接关系，东林党人不管，把浙党的方从哲赶走才是目的。

捋顺了朝廷的人事安排，已经由兵科都给事中升任太常寺少卿的杨涟、刚刚升任大理寺少卿的左光斗，在周顺昌的陪同下，带着许多礼物，来看他们的老朋友了。其实他们早就知道鹿善继病了，只是朝廷里的斗争一个回合接着一个回合，他们实在脱不开身。

已经是三月初了，风里掺杂了更多春天的味儿。这天，天气晴得非常好，鹿善继觉得身上有点儿力气了，就唤来书童，撩开被子，想出去走走。书童为他穿上鞋子，他扶着书童的肩膀，慢慢站起身来，虽然腿脚颤颤巍巍，他还是坚强地迈出一只脚，蹭出了第一步，艰难地一步一步走下台阶。杨涟他们推门进来了，看到鹿善继一步三摇的样子，杨涟和左光斗紧走几步，一左一右搀扶住他。

鹿善继见贵客临门，说道："回屋去吧。"

几个人在客厅里落座，杨涟问："好多了？"

鹿善继答道："有点儿精气神了。"

"难为你了。"

"为朝廷分忧，应该的。只是'巧妇难为无米之炊'，这句话我算是体会到了，看着空空荡荡的仓库，看着索饷人那急切的目光，想象前方将士饿着肚子打仗的情形，我一头撞死的心都有。"

“这不怪你，你尽力了。”

鹿善继说：“尽力是一回事，关键是辽左，沈阳丢了，辽阳丢了……”

“你知道了？”

“辽左的事我一直都知道。”

“好了，皇上决定重新起用熊廷弼，把那些攻击他的人都处理了。他不日就会前去辽东。”

“哎呀，他走的时候能带上一批饷银就好了。”

周顺昌插嘴说：“这不用你操心了，你的老乡孙承宗要你去兵部任职方，吏部同意了，请示皇上，皇上也批准了。”

鹿善继说：“孙老现在只是一个四品少詹事，轮得到他管兵部的事？”

杨涟一笑：“孙老去兵部是迟早的事，只是皇上暂时离不开他，不想让他离开为他讲学的经筵，以后兵部非他莫属。他现在已经开始布局，除了你，还有茅元仪。”

“就是那个写《武备志》的茅元仪？”

正说着，杨嗣昌也没敲门，猛然推门，一脚踏进来，喊道：“喜事，大喜事！”

一眼看到杨涟和左光斗，不好意思地停下脚步，尴尬地笑了。

鹿善继问道：“文弱，什么事这么高兴？”

“大喜事，河南新饷，四十万，到了！”

鹿善继不信：“哄我开心呢吧？”

杨嗣昌拿出一沓文件：“这回是真的，你看，有押解文书。”

鹿善继看了文书，一下子从椅子上站起来，腿脚也不颤了："哈哈，天不亡我大明！"他一把拉住杨嗣昌，"走，去看看。"回头对杨涟和左光斗说："不管你们了。"说完，健步如飞，上车直奔新库去了。

周顺昌追问了一句："兵部你去不去？"

鹿善继回了一句："先发了辽饷再说。"声音传来，人已不见。

第十九章　木匠皇帝

在离乾清宫不远的一个偏院里，一个年轻人正在院子里忙碌着。院子的中央放着一张木质工作台，台上平放着一块木板，年轻人把木板放正，拿过工具箱里的墨斗，把墨斗的铁片钩子挂在木板的一头，然后把墨斗拉到木板的另一头，用方尺量了一下，把墨斗挂在木板的另一头，用手轻轻提起墨线，只听啪的一声，墨线弹在木板上，留下一道笔直的线条。年轻人转动墨斗上的摇柄，收起墨斗，然后拿起手锯，左手稳住木板，一脚踩在木板上，右手拉动手锯，哧哧地锯起木板来。手锯沿着墨斗打出的线条快速前进，不一会儿，木板锯好了，年轻人拿起木板，闭上一只眼，查看刚刚锯好的切面，满意地笑了。他把锯好的木板卡在工作台上，转身拿起工具箱里的一个刨子，用手指试了试刨刃，拿起斧子敲了敲刨刃的另一头，调整了刨刃的长度，接着塌下腰去，刨起木板，随着他的动作，一朵朵刨花从刨子里飞出，落在他的脚下，随着他的工作进程，刨花在他的脚下堆集成一朵朵祥云。

刨了一阵子，木板有些发亮了，年轻人摸摸木板，高兴地笑了，他放下刨子，取下木板，平放在工作台上，打开旁边的砚台，拿出毛笔，开始画图案。

这是一个熟练的木匠，但是他头上的便帽出卖了他，那是专为皇上特制的便帽。天气太热，他身上的衣服都脱了，赤着上身，还是满身的“汗珠子滚太阳”。他望了望天上，太阳火辣辣的，没有一丝儿风，连树上的鸣蝉都懒得叫了。他拿起毛巾，擦身上的汗水，又继续干起活儿来。这个年轻而熟练的木匠，就是明光宗朱常洛的儿子朱由校，去年朱常洛当了一个月皇帝，去世以后，十六岁的朱由校于九月六日继位，年号天启。登基之后，他深感东林党人在他顺利坐上皇位的过程中起到了关键性作用，于是，他按照东林党人的意愿，把朝廷的重要职位，都换成东林党人，一朝天子一朝臣，朝廷里的纷争少了，噪声也就相对少了，今天他上朝回来，心里稍微清静一点，半年多来没做木匠活儿，手有点痒了，就悄悄溜到偏院，重操旧业了。

你一定奇怪一个从小在皇宫里长大，命中注定要做皇帝的料，为什么偏偏喜欢做木匠？其实这是一个悲剧，他自己的悲剧，也是大明朝的悲剧。我们在前面讲过，他父亲朱常洛是万历皇帝的长子，但从小不受万历皇帝待见，在皇宫里供奉是最低的，教育也没人操心，后来大臣们争国本，才勉强立为太子。但立为太子并不意味着境遇好了，待遇还是那样，甚至一个外地来的农民都可以拿根棍子闯进太子府要打太子。太子都自身难保，他的儿子能好到哪儿去？也就是整天跟着几个太监满世界瞎跑，要不就是泡在乳母客氏怀里胡闹，没学一点儿正儿八经的东西，后来在宫里看工匠们修理门窗，不知怎么就喜欢上了木匠，而且天赋很高，学什么会什么，很快就“青出于蓝而胜于蓝”。只有在孙承宗给他父亲上课的时候，他才能搭顺风车听听课，据他自己说，只有在听孙承宗的讲课时，他才觉得开心，所以他宁可把孙承宗憋屈在少詹事的位子上，也暂时不放他去兵部。一个从小没读过几本书，不善于处理朝政，只喜欢木工的皇上，所以我说这是他的悲剧，也是大明朝的悲剧。一个朝代沦落至此，也就只能感叹一句国运如是了。

朱由校画完图案，放下笔墨，拿起雕刻工具，在木板上雕刻起来，工具在他的手里是那般灵动，他的每一个动作都如行云流水，图案的立体效果在木板上逐渐显现出来。

正当他聚精会神在木板上纵横驰骋的时候，一个太监推门进来。朱由校头也没抬，不耐烦地道："什么事？说。"

太监答道："熊廷弼要去辽东，想要陛辞。"

朱由校横了太监一眼："这么点儿小事也来烦我？告诉熊廷弼，陛辞就不必了，到了辽东，好好带兵打仗就行了。"

太监说了声"是"。转身要走，朱由校说："等等。以后这样的小事不必都来烦我，你看着处理就行了。贴身太监，要懂得为朕分忧。"

太监听了，高兴地答应一声，下去了。

这个太监我们认识，他就是李选侍的贴身太监李进忠。李选侍被杨涟、左光斗他们赶出宫去，他没有走，他觉得他还可以大有作为，于是他留下来了，通过客氏的关系，当了朱由校的贴身太监。朱由校的话，他听了自然高兴，这意味着，他的权力又大了一点。

直到傍晚，朱由校才收拾好木工的工具，拖着疲惫的身子回到他的乳母客氏的住所，客氏替他擦了擦身上的汗水，乳母也是穿着一层薄薄的汗衫，乳房鼓鼓地，随着客氏擦汗的动作，一颤一颤地，朱由校一把抓住客氏的乳房，撩起汗衫，把乳头含在嘴里做着吮吸的动作。客氏搂住他的头，用手指轻轻点了一下朱由校的额头："馋猫，多大了，还吃奶?"

"吃一辈子。"朱由校吮吸着一个乳头，用手摸着另一个，然后慢慢地向下摸去。

客氏抓住他的手，说道："等晚膳以后吧，一会儿宫女进来……"

朱由校在客氏面前还算是比较听话的，他松开了在客氏身上游走的手，两眼怔怔地欣赏着客氏。这客氏进宫算来也有十多年了，应该已经三十岁左右，但脸上、身上没有一点岁月的痕迹，仍然是那样漂亮，甚至比刚入宫时更加魅力四射，无怪乎小皇帝整天围着她团团转。

客氏见他五迷三道的样子，深知小皇帝对她的倾心和依赖，乘机从旁边拿出几份奏折："你看看，这些人多管闲事。"

朱由校拿过奏折，一份一份展开浏览，这些奏折大同小异，虽然他看不太懂，但大概意思还是能了解，奏折上的意思是说，太子年龄大了，乳母应该遣送出宫，不应该继续留在太子身边，更何况太子已经登基，乳母更不应该留在皇上身边。朱由校看完，气愤地把奏折扔在一边："屁话，他们竟然管起朕的家事来了！朕是皇上，身边愿意留谁就留谁，你们管得着吗！你在宫中照顾朕多年，朕离不开你，朕明天就给你封号，封你为奉圣夫人。"

客氏听了，先是一惊，继而赶忙跪下谢恩："谢皇上。"

朱由校接着喊了一声："来人。"

一名太监闪身进来，弯着腰立在前面。

朱由校说："从明天起，在乳母的院子里建凉房，标准跟后宫的一样。"

太监答应一声，转身出去了。

晚膳以后，客氏和朱由校缠绵到半夜，才乘坐辇车在太监的陪同下回到她宫外的住所。

第二十章　沆瀣一气

在紫禁城南面，绕过前门，有一条往东去的不大的街上，一座青楼矗立在大街北面，大门上方挂着“印月楼”的牌匾。这天晚上，印月楼的生意不错，妓女、老鸨穿行其间，大门口还有招揽客人的妓女。

这间青楼是皇上身边的乳母客印月开的，背景很硬，加上客氏经营有方，所以客人很多，生意红火。这天，皇宫里正在准备皇上的大婚，客氏心里很不高兴，跟小皇上发了一顿脾气，小皇上低声下气地安抚了她半天，她才赌气出了皇宫，没有陪小皇上。出了紫禁城，她想，回家也是一个人空守寂寞，不如到印月楼看看吧。客氏正在为她自己设置的“老板”房里生闷气，一个妓院的领班走进来，对她说：“一位先生点名要你陪他。”

客氏一惊：“是谁这么大胆子？”

“不知道，他只是交了五百两银子。”

客氏自己规定的，要她陪侍也行，但一次要交五百两银子。客氏自己本就淫荡，偶尔接一次客也没什么，重要的是，五百两银子一般人是出不起的，必然是个大户人家，结交几个大户人家没什么不好，万一以后在宫里待不下去了，也好多个出路。既然人家交了银子，自己也不好说什么，于是起身说道："我去看看吧。"最多自己看不上眼轰出去也就是了。

客氏走进自己的卧室，只见一个男人背着身子站在卧室里，身材高大匀称，还算看得上眼，只是不知道牌面如何，于是她问道："先生……？"

男人转过身来，客氏大吃一惊："怎么是你？"

男人一笑："为什么不能是我？"

男人是小皇上的贴身太监李进忠。都是熟人，客氏也没什么不好意思，说道："太监逛窑子，这可是头一次。"

"那咱们就做头一次。"说着就上来搂抱客氏。

客氏忙推开李进忠："等等，我先给祖师爷上个香。"

李进忠也不急，问道："你们这行也有祖师爷？"

"有啊。"客氏拉开一个帘子，里面露出一尊塑像，塑像下面有字，是春秋时期的管仲。原来，春秋时期，齐桓公为了增加税收，也为了满足自己的私欲，授意大臣管仲设置"女闾"，这是中国最早的妓院，后世的妓院就把管仲供奉为祖师爷。据说比梭伦创立的雅典妓院还要早五十年，所以管仲又称为"世界官妓之父"。

李进忠看着客氏那魔鬼身材，优美的动作，一股迫不及待的欲望蓬勃点燃。

自从李选侍离开乾清宫，李进忠留下来，成了朱由校的贴身太监，喜欢木匠活儿的朱由校把一部分朝廷事务交给李进忠处理，李进忠虽然不识字，但有他的一帮手下帮他办事，倒也得心应手。李进忠尝到了权力的甜头，就想得到更大的权力，要想得到更大的权力，就得巴结在朱由校身边红得发紫的客氏。虽然在宫里两人已经打得火热，但要想再进一步，得到客氏，得花钱，可李进忠恰恰又没钱，但是李进忠胆子大，他向他的把兄弟魏朝借了 500 两银子，去了印月楼。客氏是魏朝的对食，拿着把兄弟的钱去嫖把兄弟的女人，可见李进忠有多无耻了。

客氏上完香，站起来走到床前，她坦然地拉开被子，心里古井无波，既然人家照价给了钱，又是熟人，没有理由拒绝人家，总不过是对食，玩一下罢了，她也不会有什么损失。她脱掉衣服，程序性地躺在床上，等着李进忠来走过场。但是，程序一开始，就令她大吃一惊，李进忠解释说："我是自宫的，没有做干净。"

这一夜，客氏意外地得到了极大的满足。清晨，李进忠穿好衣服要走的时候，客氏说话了："以后到家里去找我吧。"

李进忠回过头来，坏笑了一下，点点头，走到床前，狠狠地亲了客氏一下。他知道，客氏是他的人了。从此，两个邪恶的人沆瀣一气了。

接触了几次之后，李进忠知道客氏已经倾心于他，于是，除掉魏朝的事提到了他们的日程上来，客氏本来就是个淫荡的人，有了李进忠，魏朝自然就成了明日黄花了。有了客氏的默许，李进忠假传圣旨，只代表皇上说了几句话，就把这个乾清宫管事兼兵仗局的魏朝，李进忠的把兄弟，发配到凤阳为老朱家看守祖坟去了。至于借的几百两银子，那就等下世再还了，只可惜李进忠是只管眼前，不管下世的。

有一次朱由校有事找魏朝，李进忠答道："魏朝辞职不干了，回老家去了。"

朱由校问："我怎么不知道?"

"他说跟了皇上这么多年，怕临别时心里难受，就悄悄地走了。"

"哦。"反正宫里走了一个太监，也不是什么大事，走了就走了吧，朱由校也没放在心上。"以后乾清宫的事你就管起来吧。魏朝，魏朝，叫了这么多年，叫顺了口，今天赐你姓魏，就叫魏……魏忠贤吧。"

魏忠贤赶忙跪下："谢皇上。"

赶走了魏朝，挡在魏忠贤前面的就只有王安了。王安是司礼监的秉笔太监，他从小入宫，从杂役干起，虽然不是掌印太监，但却是宫中太监的实际领导，又是皇上最信任的人，和现在朝廷里掌管实权的东林党人关系很好。要扳倒王安，无异于痴人说梦。可说梦的人是魏忠贤，那结果就两说了。

魏忠贤自知不是王安的对手，他只能暂时蜷伏起来，做出一贯"吃稀穿破，老实听说"的样子，对谁都是唯唯诺诺、谦卑恭顺的神情。特别是对王安，每次见到王安，他都像以前那样跪下，王安不让他起来，他就不起来，王安问话，他就如实回答。由于魏朝的关系，王安对他本来就很好，对他从不设防，如今见他这样，更是心里没有一点儿防范。

他在等待，等待一个出击的机会。

这个机会终于来了。司礼监掌印太监出事了，被罢免了。按照惯例，应该从秉笔太监中找出继任的人，无论从威望还是资历来看，没有人比王安更适合这个职位。于是，朱由校顺理成章地下达了任命书。

这本来像是板上钉钉的事了，但是还不尽然，魏忠贤不能失去这个机会，他等这个机会已经等了很久了。于是他让客氏去找皇上，一定要把这事搅黄。

客氏的办法倒也简单：撒娇。

枕边风很强，一阵风吹下来，事情有了转机。

不知从什么时候开始，中国的官场形成了一个不成文的传统，朝廷下达一个任命，当事人要虚情假意地写一个辞呈，说我何德何能，实在难以胜任。然后朝廷回以：不准。接着就高高兴兴地上任去了。

魏忠贤就是利用了这样一个传统，在王安的奏疏送上来以后，在上面批了两个字：准奏。于是，王安的路，断了。魏忠贤当上了太监的最高领导，秉笔太监加上东厂提督。

如果你觉得事情到此结束，那你就太不了解魏忠贤和他的对食客氏了。

接着，王安被下令退休。退休就完了？不，如今魏忠贤羽翼初成，他下令他的属下在东厂给王安安排了个地方做苦力去了。

照魏忠贤的意思，这事到此也就结束了，毕竟，他进宫这些年来，王安一直对他照顾有加，但客氏不同意，她说："当初，逼李选侍移出乾清宫的是谁?"

"是王安。"

"对外透露消息，说李选侍把太子挟持到西暖阁的是谁?"

"是王安。"

"东林党人来抢太子的时候，把太子交给东林党人的是谁?"

魏忠贤头上冒汗了。他不得不承认："还是王安。"

客氏眼睛里闪过一丝狠戾："他跟东林党人一条心，跟咱们不是一路人。"

"那就……"不久，王安在做苦力的时候，突然死了。

第二十一章　辽东又丢了

天启元年下半年，在孙承宗的一再敦促下，鹿善继还是去了兵部，职务是职方，掌管奏章、文件的上传下达和缮写的事务。他对兵部还是熟悉的，当年他入朝为官的第一个职务就是观兵部。同事叶震生和耿如杞也都是旧日的同事，不用熟悉环境。

可是孙承宗却迟迟不来，新登基的朱由校舍不得孙承宗离开经筵，天启元年提拔他为詹事府少詹事。这一年，后金进攻辽东，沈阳、辽阳先后陷落，许多大臣知道孙承宗通晓军事，奏请孙承宗任兵部尚书，但朱由校就是不放行，只提拔他为礼部右侍郎，还协管詹事府。直到辽东巡抚王化贞和辽东经略熊廷弼丢了辽东，朱由校这才急了眼，不得不任命孙承宗为兵部尚书兼东阁大学士，并命他以阁臣的身份管理兵部的事。这已经是天启二年的事了。

在这期间，一些大臣退食之余，相聚讲学，并成立了书院。人们知道鹿善继学识渊博，邀请他光顾书院讲学，由周顺昌陪同他去书院，半路上，周顺昌告诉他，书院有一个戒律，不言朝政，鹿善继停下脚步："在朝言朝，当此多事之日，身居大臣而不言朝政，不知何以谓之学？子曰'学而时习之'，不言朝政，学什么，习什么?”说完，扭头就回去了。

孙承宗终于来了。他上任的头一句话就是：“辽东又丢了!”

这事大家都知道了，是从朝廷的邸报中得知的。

萨尔浒之战后，熊廷弼出任兵部右侍郎、辽东经略，他不负神宗皇帝的重托，招集流亡，整肃军令，制造兵器，浚壕缮城，巩固守备。还召集流民，开荒种地，几个月下来，把杨镐丢下的一个空空如也的辽东整顿成一个铁桶似的。就连努尔哈赤也不敢轻举妄动了。但是，我们前面说过，这个熊大人脾气暴躁，特别是爱骂人，连兵部尚书都敢骂，得罪了不少人。所以在他经略辽东守备初成的时候，朝廷里开始有人弹劾他了，一件两件倒也无所谓，架不住人多，弹劾的奏折雪片似的飞上皇上的御案，新上任的小皇上朱由校不知所从了，他做了一件非常不该做的事情，把辽东的盾牌熊廷弼撤回来了。

后来，沈阳丢了，辽阳丢了，辽东守将袁应泰死了，辽东形势危急，朝中大臣们又想起了熊廷弼，于是，又纷纷上书皇上，重新起用熊廷弼。公平地说，上次正当熊廷弼苦心经营辽东的时候，无缘无故地把他撤了，如今辽东危急，又让他披挂上阵，放到谁头上，也会有情绪，但熊廷弼二话没说，带着几个随从去了辽东。但上帝似乎和他开了个玩笑，他遇到了辽东巡抚王化贞。王化贞也是个会打仗的人，在沈阳、辽阳都已被后金占领的形势下，一直守着广宁，《明史》上说：“辽阳初失，远近震惊，谓河西必不能保。化贞提弱卒，守孤城，气不慑，时望赫然。”王化贞主张对后金主动进攻，他说，只需要六万大军就可以消灭努尔哈赤。而熊廷弼主张防守，修筑城堡，严阵以待。两个人尿不到一个壶里。但熊廷弼是辽东经略，王化贞是辽东巡抚，按下级服从上级的原则，王化贞应该听从熊廷弼的指挥，但王化贞根本没把他放在眼里，为什么？实力。王化贞手里有兵力十五万，而熊廷弼手里只有五千人马。背景，王化贞的背后站着他的老师——当今首辅叶向高，而廷弼“褊浅刚愎，有触必发，盛气相加，朝士多厌恶之”。两人话不投机，熊廷弼气鼓鼓地回榆关去了。

1622 年 1 月，得知了明军阵营一山二虎的情况，趁熊廷弼回榆关的时候，努尔哈赤对广宁出兵。王化贞信誓旦旦，要给努尔哈赤一点颜色看看，因为他手里有十五万军队，是努尔哈赤的两倍还多，一对一地对拼他也稳操胜券。他在前面布置了两道防线，三岔河为第一道防线，西平堡为第二道防线，两道防线的兵力不过三万人，其余的兵力则放在广宁城里。其实他的想法也说得通，打仗和下棋一样，先用少量的棋子拼一下，消灭对方的一部分有生力量，然后再以优势兵力，消灭对方的疲惫之师，这也不失为一种打法。果然，努尔哈赤很快突破了他的第一道防线，向西平堡发起攻击，于是，王化贞出动他的主力部队开始反击，令他没有想到的是，他之前派出心腹去策反一个叛徒，然而这个心腹却被那个叛徒“策反”了，这个被策反的心腹军前哗变，使反击功亏一篑，大部队如潮水般溃散。王化贞退到了广宁。没想到，这个叛变的心腹半夜里又一次“诈言”，说努尔哈赤大军已经兵临城下，使王化贞和他的部队仓皇出逃，在没有一个敌人的情况下，连夜往榆关方向逃窜。

半路上，王化贞遇到了熊廷弼，熊经略一看到王化贞的狼狈相，心里一阵窃喜，他调侃道：“不是六万人就可以打败努尔哈赤吗，怎么弄成这个样子?”

王化贞没有话说，只是乞求熊廷弼带人去守宁远。此时，一肚子不满的熊大人终于找到了一个出气筒：“兵败如山倒，都这个时候了，谁还敢逆流而动，给你去守宁远？赶紧收拾残兵败将回榆关吧。”王化贞无话可说，谁让自己之前那么居高临下地对待熊大人呢，回榆关就回榆关，回头再让自己的老师收拾残局吧。

而熊廷弼则满脸是幸灾乐祸，优哉游哉地一同回到了榆关。但是，熊大人没有想到的是，气是出了，但由于他的这一句话，丢了辽东，同时也丢了两个能征惯战的将军的性命。

回到朝廷以后，由于事关重大，他们两个无一例外地关进了监狱，连王化贞的老师也没办法救他。

孙承宗简略地讲完了辽东的事，重重地叹了一口气，说道：“看来呀，什么事也不能赌气，特别是有关国家、社稷的事，一害国家，二害自己。”

鹿善继说：“人最难克的是已，已不能克，一种凡火傍理义，借才学而横溢四出，盛气加于天下，怎肯受别人的忤逆？战火中是最修炼人的地方，可惜他们都不知道。所以既害了国家，也害了自己。”

孙承宗感慨一番，说道：“现在辽东丢了，大明疆土唯一的屏障就是榆关了，榆关如果再丢了，京师就危险了。作为大明臣子，现在该咱们出头了，伯顺，你准备准备，过些日子，咱们到辽东去看看。”

鹿善继莞尔一笑。

孙承宗不解地问道：“怎么回事，你不想去?”

“不。我很早就想，我跟辽东有一种说不清、道不明的缘分，为辽饷解职，为辽饷复职，现在又要去辽东，你说是不是缘分？”

孙承宗也是一笑，说：“也许是吧。”

第二十二章　巡视辽东

六月，鹿善继真的奉旨和孙承宗一起，轻车简从去了榆关，榆关就是山海关。他们从京师出发，经通州、密云、蓟门，二十六日抵达山海关。鹿善继还是第一次来山海关，第一眼见到山海关，他的心里就感到巨大的震撼，山海关的雄伟壮观自不必说，只它的气势就令鹿善继惊叹不已。鹿善继看文章，看书画，看建筑，无论看什么事物，他首先看的是气势。他喜欢周顺昌的画，主要是因为周顺昌的画里，有一种掩盖不住的气势。这山海关的气势，让鹿善继的心里禁不住怦怦直跳。山海关的建筑风格是中国关城的建筑风格，而气势是蕴藏在建筑里的，气势是风格的灵魂，整个山海关的城楼，给人以凛然不可侵犯的气势。

孙承宗在游学期间曾经到过山海关，对山海关有些了解。他告诉鹿善继，山海关于明洪武十四年置关，由许达奉命修建，因为北面靠燕山，南面临渤海，所以叫山海关。他见鹿善继的目光紧盯着城楼上的“天下第一关”匾额，就说：“这几个字是成化年间两榜进士萧显写的。”

鹿善继说：“太好了，雄浑，苍劲，难得。只是‘下’字的一点有点不太协调。”

“那一点是匾额挂上去以后，用抹布蘸着墨汁甩上去的。”鹿善继笑了，但凡有一技之长的人，凭个性玩一点技巧是可以理解的。

看了山海关的城楼，孙承宗又带着鹿善继去看了万里长城的起点老龙头。任凭海水惊涛骇浪的冲击，老龙头岿然不动，从这里出发，翻山涉水，直奔嘉峪关，形成了中华民族的一道屏障。

看看天色向晚，鹿善继说：“我们该去见见王在晋侍郎了。”

孙承宗摇摇头说：“不急。”

两人在秦皇岛的街头漫步。大街上满是守卫辽东的士兵，士兵们大都衣冠不整，许多人步履蹒跚，东摇西晃，有的干脆在路边大吐特吐，一片恶臭。他们路过一家妓院，孙承宗说：“走，进去。”

鹿善继吃了一惊：“啊？”

孙承宗瞪了他一眼：“进去。”

两人走进大厅，见嫖客大都是军人，看了一会儿，孙承宗摇了摇头，转身走了出来。他脸色阴沉，那一脸胡须，炸得像个刺猬。

前边是一家饭馆，孙承宗又说：“进去。”鹿善继这回没说什么，跟着走进饭馆。饭馆里也大都是军人，人们一边喝酒，一边划拳，“六六六，五魁首”的喊叫不绝于耳。

孙承宗说：“咱们找个桌子吃饭吧。”

鹿善继说：“不行，哪儿能让你在这样的地方吃饭。”

孙承宗拗不过鹿善继，两人找了一家高档一点的饭馆，寻了一张桌子坐下来，刚要点菜，一个读书人模样，文质彬彬的人走过来，看见鹿善继，惊讶地说：“伯顺，你什么时候到榆关来了？”

鹿善继见到来人也高兴地说：“元素，怎么是你，你不是在关外吗？来，一块儿坐吧。”说完就要给来人介绍孙承宗。

被叫作元素的人拦住鹿善继：“等等，这位大人有些面熟，让我想想——噢，礼部右侍郎孙大人。”

鹿善继一笑：“现在已经是咱们兵部尚书了。”

来人：“失敬失敬。”说着，一拱手，“拜见部台大人”。

孙承宗一挥手：“坐吧。”

鹿善继忙向孙承宗介绍：“这位是咱们兵部佥事袁崇焕。他来辽东的时候你还没到任。”

孙承宗一听，赶忙站起来，说道：“你就是那个单枪匹马走辽东的袁崇焕？久闻大名，如雷贯耳。请坐。敢说‘给我兵马钱粮，我一个人足以守辽东’这句话的人，请受老夫一拜。”说完，对袁崇焕拱手施礼。

袁崇焕慌忙拱手弯腰：“部台大人折杀我了。”

袁崇焕是东莞人，元素是他的字，万历四十七年进士，《明史》说他“为人慷慨负胆略，好谈兵。遇老校退卒，辄与论塞上事，晓其厄塞情形，以边才自许”。天启二年一月，因为知兵事提拔为兵部职方主事，所以他和鹿善继熟悉，王化贞溃败，广宁失守，大部分朝臣都主张扼守山海关，袁崇焕气不过，没有和兵部打招呼，连家人都没有告诉，就一个人骑马出关巡查辽东，回来之后，向大臣们陈述关外形势，还说了一句让众位大臣惊掉下巴的话：“予我兵马钱粮，我一个人足以守卫辽东。”在辽东新败，人心惶惶的情势下，袁崇焕自告奋勇出守辽东，让人刮目相看，于是越级提拔他为佥事，发给他二十万银两，让他前往辽东。辽东经略王在晋也很器重他，令他守护前屯，虽然王在晋对他很倚重，但他对王在晋的一些做法却不以为然，比如在关外八里铺修建新城，为此他还写信给首辅叶向高，算是打了个小报告。

几人落座，孙承宗问袁崇焕："你不是在前屯吗？"

"我来要钱要粮，我招募的兵马也要吃要喝。"

"要到了吗？"

"没有，王大人很敬业，这些天一直吃住在八里铺。"

孙承宗听出话里的一些味道，说："你写给叶首辅的信我看了，明天我们会去八里铺看看。过两天再去前屯拜访。"

"拜访不敢，敬候大人光临。"

第二天，孙承宗和鹿善继一大早就出了山海关，八里铺不远，八里地，一会儿就到，王在晋果然敬业，忙忙碌碌地指挥着士兵施工，见到孙承宗二人，慌忙见礼，然后把他们领进临时搭建的驻地。于是，两人开始了一场历史上有名的对话：

孙承宗问王在晋："新城筑好以后，你要调旧城的四万兵马来此驻守？"

王在晋说："我会再建一支四万人的军队。"

孙承宗说："那么，八里之内就有八万兵了，在八里铺修筑新城，新城后面就是旧城，旧城外面埋的地雷是用来对付敌人的，还是用来对付自己士兵的？如果新城可以守，旧城岂不成了摆设？如果新城不能守，四万守兵倒戈，你是打算开关放后金兵马进来，还是闭关投降努尔哈赤？"

王在晋说："关外有三道关可以进入。"

孙承宗说：“如果敌人兵临城下，士兵像先前那样逃跑，哪里还用得上重关?”

王在晋说：“我想在山上建三座营寨，防止士兵溃逃。”

孙承宗说：“士兵没有溃败就修筑营寨等待他们，你这是在教士兵逃跑吗？况且逃跑的士兵可以进来，敌人也可以尾随他们进来。你现在不为恢复做打算，却在这闭关自守，把关外防线全部撤离，京都以东还有安宁之日吗?”

王在晋没话可说了。

离开八里铺，孙承宗骑在马上对鹿善继说：“给皇上写个奏疏，让王在晋回去吧。”

前屯路途并不远，他们当天就到了。一进门，他们就看到，这里的气氛和山海关截然不同，给人一种生气勃勃、热气腾腾的感觉。几千人的士兵分成几十支队伍，分头在汗流浃背地训练，几千人的训练场地，竟没有一个人朝他们看过来，这个细节让在军营里生活过的孙承宗大为感动，能做到这一点绝非一日之功。几千把三眼铳架在旁边，随时都能拿起枪来参加战斗。训练场周围，还有更多的百姓在树荫下观看训练。

袁崇焕见他们到来，远远地迎过来：“部台大人，请先到屋里休息。”孙承宗顾不得一路风尘，摆摆手说：“咱们先看看你的领地。”

前屯面积不小，有一个小城镇那么大，外围筑有城墙，城墙上有笨重的炮台。城里除了营房，还有许多民居。

士兵们继续训练，军营后边，还有马厩，马厩里养了几百匹马。士兵们在马厩前面宽大的训练场地上训练战马。

孙承宗问道：“你建了骑兵?”

袁崇焕说："女真的部队都是骑兵，咱们的部队都是步兵，打起仗来，吃亏。"

"兵源呢？"

"辽民。从各地召集回来的百姓，年轻人当兵，老人和未成年的孩子种地。"

"他们愿意回来吗？"

"当然愿意，热土难离。"

孙承宗高兴地说："好，好。"

他们走到城外，田野里已是一片翠绿的庄稼，小麦已经收获，玉米、大豆长得蓬蓬勃勃，袁崇焕骄傲地说："把辽东给我，再过几年，我就可以不向朝廷要钱要粮。"

孙承宗听了，心里似乎被触动了一下，不过他没说什么，继续向城外走去。

在前屯休息了一晚，翌日，他们继续向北巡视，袁崇焕说："我给你们带路。"鹿善继私下里对袁崇焕说："能不能派一些士兵保护部台大人？"

袁崇焕微微一笑："不用，从山海关到广宁，几百里之内，没有后金的一兵一卒。"

"为什么？"

"你想啊，"袁崇焕说，"努尔哈赤打仗的目的主要是抢掠，熊大人撤退的时候，把粮食都坚壁起来了，井口都封了，没东西可抢他们还来干吗？"于是，三人一直向北走去。

第二十三章　见过师兄

七月下旬，孙承宗和鹿善继从辽东回来了。他们洗净了一路风尘，第二天，换上了一袭正式的朝服，到乾清宫旁边那个小院子里去见朱由校。

鹿善继问道：“奏报事情，我们为什么不去乾清宫？”

孙承宗回头一笑：“别问这么多，跟我走吧。”

两人走进院子，朱由校光着膀子，熟练地推着刨子，刮一块木板，见到孙承宗，赶忙停下手中的木匠活儿，恭敬地说道：“吾师回来了？”

鹿善继上前一步，要行大礼。朱由校拦住他：“你是鹿善继吧，这儿不是正式场合，你就免礼平身吧。”

三人围坐在朱由校自己打造的圆桌旁边，太监给三人倒上茶水，朱由校开门见山地问道：“辽东情况如何？”

孙承宗看了一眼鹿善继说：“你向皇上奏报吧。”

鹿善继喝了一口茶水：“启奏陛下，我随师相经通州、密云、蓟门，上月二十六日抵达榆关。榆关倒还平静，榆关左山右海，形盛天成，起伏层叠，最便用奇。但缺乏有力的大将，经臣王在晋在八里铺修筑重关，距离榆关太近，反为绝地。师相已令其结束，改修城堡，建立铳台，以剩余的财力修复中前所、前屯等处，召集流浪在关内的流民回去守卫，老弱辽民可以种地。师相已上疏皇上，建议解除经臣之职。”

鹿善继说到这里，朱由校插言道：“吾师写了奏疏？”

孙承宗说：“写了。”

朱由校说：“我没见到啊。魏忠贤留中没报？”

孙承宗和鹿善继对视了一眼，摇摇头，没说什么。

朱由校对鹿善继说：“你接着说。”

鹿善继清了清嗓子，接着说道：“再往北，道臣中有人建议修复宁远，宁远山势合抱，不过数里，形如葫芦，派骁将精兵守卫，东可以对付来犯之敌，西可以堵住敌方偷袭蓟门之路。再往北，逐步恢复广宁，把十三山流浪的黎民和在榆关宵啼露处的辽民迁徙回去。恢复辽东不是不可能的。况且我们一路走来，有许多当年戚继光留下的城堡、工事，修复起来不是难事。现在关键是要有可用的大将，臣闻陆贾说过，‘天下危，注意将’，现在关上将领，一次失败，锐气全无，家在关上而不敢出关外一步，畏敌而不畏法；兵填于街衢，哗于酒肆，不知操练而沉湎游乐。如果敌人打过来，谁去应战？倒不如换上一批将领，耳目一新，旌旗变色，事犹可为。安危大计，数言可决，事之当行者行，不当行者止，人之可留者留，不可留者去，议以尽天下之心，断以成天下之事，如此而已。”

鹿善继说完，朱由校好奇地问：“你称吾师为师相？”

“是。无论学识还是能力，部台大人都堪为我的老师。内阁大臣，也够得上宰相级别了吧？”

“那么，我们是师兄弟了，不过，我入门比你早，你得称我师兄。”

孙承宗给了鹿善继一个眼色，鹿善继心领神会，站起来拱手道："见过师兄。"

朱由校挥了挥手："好了，坐下说话。"

孙承宗接着说道："社稷安危，首在辽东。女真是我最大的威胁，伯顺之言，也是我的意思。京师的防御，也要加强，榆关是第一道防线，蓟门是第二道防线，敌人如果进攻榆关，我当集中兵力予以抵御，则榆关以里，应该有几重兵力防御，敌人如果知道榆关有重兵防守，而绕过榆关，从桃林、冷口、喜峰、潮河川、古北口等处进攻，我则应该预做布置，十二路宜分三总兵，各负其责，以图防守。山石、燕建已交给江应诏，马松、喜太命马世龙守御，命他驻守三屯营，安顿士兵，致力操练。唯石古、曹墙，还没有人选，正在商议选调一二骁将，由于路远，暂时难以抵达，督府建议用孙祖寿，我同意了。三将各提重兵，各有专责。山海关没事，则养兵操练；山海关有事，则江应诏当关，马世龙移驻永平或抚宁，相机策应，孙祖寿移驻三屯，以为声援，事急事缓，都有对策。这是我从山海关回来之时所做的部署，不知皇上是否同意？"

朱由校擦了一把汗，说道："吾师安排，我自然同意，信人不疑。那个王在晋，就传旨让他回来吧。由谁去接替他？"

"暂时让袁崇焕接替，等有了合适的人选，再让他去守前屯。"

朱由校点点头："吾师辛苦了，好好休息几天。辽东的事，你多费心。"孙承宗和鹿善继起身告退。

二人出了朱由校干活儿的小院子，孙承宗对鹿善继说："辽东之事，已成大明心腹之患，该我们出手了，抗女真，安社稷，扶大厦于将倾，这责任非你我莫属。伯顺，敢不敢跟我去守辽东?”

鹿善继说：“师相如此胆略，伯顺自当追随于鞍前马后。”

孙承宗满意地点点头：“好，你准备准备，等我把兵部的事安排一下，我们去督师辽东。”

转过乾清宫，走到乾清宫前面的凉房，客氏正在凉房里喝水，见到鹿善继，赶忙走出来，敛衽见礼：“见过恩人。”

鹿善继也忙施礼：“见过奉圣夫人。”

客氏忙说：“恩人不必多礼，请屋里坐。”

孙承宗说：“你们老乡多日不见，好好叙叙旧。我还有事，先告辞了。”

鹿善继走进凉房，上下打量着这个小巧玲珑的建筑，据说这凉房是朱由校专门为客氏建造的。无论是布局还是手艺，都是一流的，单从建筑艺术来看，鹿善继还真是佩服朱由校的手艺。客氏见鹿善继只顾打量凉房，就说：“恩人，请喝冰水，天太热。”

鹿善继这才回过神来，赶忙坐下，端起宫女早已准备好的冰水，喝了一口。

客氏坐在他的对面，看起来比几年前在太子府见到她的时候更加光鲜靓丽，光彩照人，只是有些胖了，显得更加富态。由于在外面听到的关于她和皇上不清不楚的传言，以及她对王安的狠辣，使鹿善继对她产生了一些陌生感和疏离感。两人只是有一搭没一搭地说了些老家的事情，鹿善继刚要起身告辞，魏忠贤进来了。魏忠贤挺着那高高的个子，五官端正的脸上倒也有几分威严，不像一般太监弯腰低眉，一脸媚相，说话也不像其他太监那样尖声尖气，但相由心生，猥琐和狡诈是由性格和经历所决定的，不容易掩饰。

出于礼貌，鹿善继起身拱手道："见过公公。"

魏忠贤还礼："见过职方大人。"

这时，魏忠贤旁边的一个太监说道："放肆，你一个六品职方，敢对九千岁称公公？谁给你的胆子？"

魏忠贤一瞪眼："大胆，你知道他是谁吗？他是奉圣夫人的恩人，也就是我的恩人。"

那太监听了，吓得两腿打战，浑身出汗，忙对鹿善继拱手施礼："对不起，冒犯了。"

魏忠贤说："拉出去，杖毙！"

那太监吓瘫了，声嘶力竭地喊道："九千岁，小的知错了，请你开恩哪！"

魏忠贤不为所动。

鹿善继坐在座位上，也不说话。他知道魏忠贤是在他面前立威，很想为那个太监讲情，但他对宫中的太监实在没什么好感，除了王安之外，所以也就什么也不说，只在那儿静静地看着。

两人本没有共同语言，气氛很尴尬，还是魏忠贤没话找话地说："听说职方大人去了一趟辽东？"

鹿善继说："是，陪部台大人一起去的。"

"那你辛苦了。"

"为朝廷效力，理所应当。我还有事，告辞了。"

魏忠贤起身拱手："慢走。"

客氏也说："恩人，没事多来坐坐。"

第二十四章　小试牛刀

到现在为止，魏忠贤还是想跟东林党人和平共处，做朋友，各干各的，互不侵犯。是不是魏忠贤变好了？不是。这是一种心理现象。这世上分两种人，一种是文化人，读书人；一种是没有文化的人。没文化的人对有文化的人，有一种天生的敬畏、仰视。这是一种心理落差。但同时又不甘心这种落差，你们吃着我种的粮食，穿着我织的布，四体不勤，五谷不分，全靠我们养着你们，你们凭什么比我们高贵？于是，没有文化的人就嘲笑有文化的读书人，说他们手无缚鸡之力，说他们分不清麦苗和韭菜，如果碰上一个戴眼镜的读书人，一定会在背后指指点点好一阵子，悄悄喊一声“四眼”。其实这倒也不一定有什么恶意，只是对心理落差的一种补偿，一种心理平衡。

魏忠贤虽然是混混出身，但他对那些进士出身的大臣们还是心存敬畏的，他们十年寒窗，考中进士，满腹经纶，说话也是一套一套的，这些东林党的大臣们，他除了对杨涟有些芥蒂之外，对其他人还是有着敬畏和羡慕的。比如赵南星，他经常在皇上面前说赵南星的好话，说他有才干，有能力。在众人面前也经常吹捧赵南星。在这一个阶段，应该是真心实意的。

然而，这几天发生的事情，深深地触动了他的自卑，他在正阳门外一家最好的饭店里订了几桌酒席，请了东林党的一些主要人物，比如赵南星、杨涟、左光斗、魏大中等人，他在饭店里一直等了两个时辰，一个人影都没有等来，他送出去的礼物，却原封不动地都退了回来，他看着堆在眼前的这些礼物，心里受到了很沉重的打击，自尊心受到了很深的伤害。要知道，老子可是司礼监秉笔太监兼东厂提督，人称九千岁，老子主动向你们示好，你们竟然如此不给面子，好吧，既然给脸不要脸，那就不给了，从今往后，老子跟你们势不两立，你们不过是一群摇笔杆子的家伙，只会给皇上写奏折，老子可是混混出身，什么阴招损招都有，除了不拉人屎什么屎都拉，咱们骑驴看唱本——走着瞧!

这边魏太监怒火中烧，那边东林党的几位老兄却在庆幸狠狠地打了老太监的脸，出了一口恶气。他们这些饱读诗书的人，只知道以天下为己任，只知道报效朝廷，只知道疾恶如仇，眼里容不下沙子，但他们不知道，一个敢于卖亲生女儿的人，一个敢于抢朋友妻子的人，一个敢于置恩人于死地的人，是不知道道义为何物的，他已经不是人，除了邪恶还是邪恶。魏太监还是个聪明的人，邪恶加上聪明，那邪恶就没有上限了。懂得了这一点，就可以知道，等待这帮书呆子的是什么了。可惜，这帮老兄现在还蒙在鼓里。

毕竟魏老太监在皇宫里三十多年，还是经历了一些事情的，宫里的一些纷争、恶斗，他见过，也参与过，在他想通了与东林党的关系以后，他渐渐地冷静下来。他已经不是刚入宫时的烧火的小太监，如今，他是皇上的贴身太监，司礼监秉笔太监，东厂提督，位高权重，一跺脚，三大殿还是要动摇一下的，今天，一些趋炎附势的无行大臣已经集结在他的脚下。《明朝那些事儿》讲了这样一件非常典型的事情：

七十多岁的礼部尚书顾秉谦，带着儿子找到五十多岁的魏忠贤，说了这样一段话："我希望认您做父亲，但又怕您觉得我年纪大，不愿意，索性让我的儿子给您做孙子吧。"这样令人作呕的话不知如何出自一个部级领导之口，简直匪夷所思。

我是想说，如今的魏公公，已经不是当年那个混迹街头的小混混，头脑一发热就要发作，不讲策略，不计后果。今天的魏太监已经成熟多了，虽然他的旗下已经有了这么多王八兔子狗，长虫刺猬牛，但他还是强迫自己，沉住气，和他们好好玩，"玩死你们!"

他唤来一个小太监，吩咐他把那些退回来的礼物收起来。然后起身离开了他的房间。魏太监站在乾清宫外面的丹墀之上，心里一下子膨胀起来，似乎这乾清宫已经是他的了，双手高举，豪气干云。此刻，他还有自知之明，他是一个太监，他当不了皇上，但是，他要把朝廷的权力攥在自己手里，让那些瞧不起自己的人都臣服在自己的脚下。

魏忠贤出于一时激愤，在丹墀上抒了一把豪情，但他知道，丹墀是皇权的标志，虽然过往的太监、宫女甚至大臣谁都没有敢说什么，但是他知道，这不是他该来的地方，于是他很快走下来，回到他自己的屋子里。

等到他冷静下来之后，他仔细盘点了一下自己旗下的力量，虽然随着他的地位一步一步地上升，权力一点一点地扩大，一些如蝇逐臭的人投奔到自己门下，如顾秉谦、魏广征、崔呈秀、许显纯……包括那些号称五虎、五彪、十狗、十孩儿之类虾兵蟹将，他们乱世可以，让他们针锋相对地和东林党作斗争，未必能够占得了上风，于是他决定暂时隐忍不发，等待机会……

这个机会终于让他等来了。也就是说，他找到了一个向东林党发难的切入点。这个切入点就是汪文言。汪文言这个人前面我们只提到过一次，《廿二史札记》说他狱吏出身，智巧侠气，饶具谋略，因监守自盗，逃到京师，投奔王安门下。和杨涟、左光斗、魏大中过从甚密。请注意，此人出身狱吏，在古代，一个县级政府，除了知县、县丞等少数几个人之外，其他如师爷、衙役等一大批人员都不在编制，这些人的工资上边不给拨款，由县里自筹，自收自支。这些人就是吏。你可别小瞧这些吏，他们中间的一些人，头脑聪颖，处世圆滑，在吏的岗位上呼风唤雨，得心应手，吃拿卡要，贪污受贿，无所不能，甚至县令办不到的事，他们也能办到。汪文言就属于这一类人。汪文言逃到京城以后，照样手眼通天，外廷依靠刘一燝，内宫倚仗王安，王安死后，魏忠贤就唆使顺天府丞邵辅忠、御使梁梦环弹劾汪文言，然后，魏忠贤乘机把汪文言抓了起来。

抓是抓了，但不久汪文言又被放出来了，而且赵南星、杨涟、魏大中、左光斗等人还登门对他进行慰问、安抚，还被首辅叶向高提拔为内阁中书。为什么放了？在汪文言被抓以后，吏部尚书赵南星找到锦衣卫镇抚司指挥使刘侨，此人还算正直，一贯看不惯魏忠贤阉党的飞扬跋扈，过了几天，审不出什么罪证，就把汪文言放了。

这等于是打了魏忠贤的脸，但九千岁没有说话，这一次小试牛刀，没有伤到对方痛处，反而讨了个没趣，他知道时机还不成熟，忍了。为了撒撒气，只得把刘侨撤职了事。

第二十五章　守护辽东

天启二年，1622 年 8 月，孙承宗自请督师辽东。自从熊廷弼和王化贞把辽东扔给了努尔哈赤，朝廷里也确实没人能扛起辽东这半壁江山了。虽然蹦出一个袁崇焕来，单枪匹马到辽东转了一圈，说了句“给我兵马钱粮，我一个人足以守辽东”。但兹事体大，这个袁崇焕又是文人，进士出身，所以朱由校还下不了决心把辽东交给他。只给了他二十万银子，让王在晋去量才使用，王在晋倒还欣赏他，可他却又不安分，为了修建八里铺的事向首辅叶向高直接打小报告，弄得朱由校云里雾里，更不敢把辽东交给他了。好在他的老师孙承宗要亲自挂帅，自请督师，朱由校虽然舍不得孙承宗走，但两害相权取其轻，他还是同意了。

辽东的事是目前朝廷里最大的事。朱由校虽然不务正业，但脑瓜子倒还聪明，他知道事情的轻重，况且这又是他从师孙承宗以来老师的第一次远行，他今天亲自带着满朝的内阁大臣把孙承宗一行送到崇文门，并赐给孙承宗尚方剑、坐蟒等，还当场宣布，孙阁老在辽东可以见机行事，不必受别人限制。

当鹿善继向朱由校告辞的时候，朱由校还特地加上了一句：“师弟，除了赞画一职，要照顾好老师。”

短短一句话石破天惊，在场的内阁大臣们纷纷看向鹿善继："师弟？"

在京东的一条大道上，一行人有节奏地前行，有的骑马，有的坐车，人数不多，倒也没有扬起多少沙尘。

孙承宗坐在兵部的轿车上，眯着眼小憩一会儿，然后，透过玻璃窗，看着田野里的景致，八月天气，庄稼还未成熟，大玉米还在抓紧时间灌浆，上午的阳光很强，照得玉米叶子翠绿翠绿的，还有点晃眼，早熟的谷子、芝麻已经有人开镰。初秋时节，雨量渐渐少了，大道上少了积水，但干硬的土路多了些坑坑洼洼，颠簸得让人昏昏欲睡。孙承宗看见轿车前面鹿善继和茅元仪骑着马引路，让人停下车来，换了一匹马，追了上去。他在大同当家庭教师的时候，也经常骑马，骑术倒还过得去。

鹿善继见孙承宗过来，忙问："师相，你怎么下来了？"

孙承宗舒展一下腰肢，说道："太颠，这把老骨头都快颠散了。"他和茅元仪打了个招呼，三人并辔而行。

孙承宗是越来越欣赏他这位"记名弟子"了。他没有教过鹿善继什么学问，鹿善继称他为师相，也只是出于尊重，但却是真心实意，没有半点儿虚假的成分，所以他也就默认了。鹿善继虽说全面地继承了王阳明的学说，自成一家，但从不卖弄学问，有人请教也不吝赐教。在兵部，沉稳老练，也不出一头，乍一膀地显露自己，他以自己的才望，在部里享有极高的威信。在孙承宗问他敢不敢和他一起去辽东的时候，他也只回答了一句："吾人生天地间，第一等愿要报国家，而报国家又全在安危存亡之际。"又说道："此方是今日为臣子正经案宗，其所自矢者，以复辽职掌，所倡率者，以复辽为指归。”就在昨日，孙承宗又问鹿善继太公是什么意思，鹿善继说：“家君范阳男子，书来嘱我从公于边，老人为汝加一饭。公以常人目我，顾以常人目家君耶?”令孙承宗感动得说不出话来。

茅元仪是个年轻小伙子，今年才二十九岁，出身于书香门第，他自幼勤奋好学，博览群书，又特别喜欢兵书。女真在赫图阿拉建立后金政权，屡屡进犯辽东，明军屡战屡败，举国震惊。茅元仪于焦急忧愤之时，发愤著书立说，刻苦钻研历代兵法理论，将多年搜集的战具、器械资料，治国平天下的方略，辑成《武备志》，于去年刻印成书，进呈朝廷。孙承宗看了他的《武备志》，很喜欢这本书，也很欣赏这个好学上进的小伙子，就把他征召到兵部，这次督师辽东，就任命他为赞画，一起奔赴辽东。这个年轻人很活跃，眼睛都会说话，他见孙承宗骑马走过来，加入了他和鹿善继的谈话，见缝插针地说道：“部台大人，出发之前，我研究了觉华岛的资料，觉华岛为什么没受到努尔哈赤的侵犯，是因为它在海里，而后金没有水兵。我们可以利用这个条件，在岛上多驻扎一些军队，再添置一些船只，一旦敌人进犯，我们可以从海上派部队支援；敌人进攻山海关，我们可以从岛上派兵抄他的后路。这是一个值得重视的战略要地。”

孙承宗听了，呵呵一笑，这与他的想法不谋而合，茅元仪能从辽东的大局考虑问题，可见他还是有战略思维的，于是高兴地说：“你这想法很好，等我们实地考察以后，你可以提出一个总体方案，我们再研究实施。”茅元仪听了，心里非常高兴。

后面的十几个人，也都是孙承宗从各部选来帮他参谋战事的，虽然暑热难挨，但大家情绪很高，顶着骄阳打马前行。

几天以后，一行人到达山海关，住进了由辽东巡抚阎鸣泰为孙承宗准备好的督师府。第二天，孙承宗雷厉风行，把袁崇焕召到山海关，顾不上鞍马劳顿，在阎鸣泰为他们准备的接风宴会上，安排了随行人员的分工，有的制定军事编制，有的打造火器装备，有的处理军需物资，有的维修甲仗，有的修筑炮台，有的购买军马，有的采伐树木。他知道觉华岛地理位置的重要，派祖大寿协助金冠守觉华岛。通过之前的巡视，他知道自从上次辽东的惨败，从山海关到京城一线流浪着大量难民，这些难民，应该让他们回到辽东，年轻力壮的招募到军队，老人和孩子则安排到有军队驻守的地方种地，随着以后辽东的逐步收复，再让他们回到各自的家乡。他派了两个人负责这件事。

他把袁崇焕留在山海关。他原来是想把马世龙调过来，驻守山海关，又考虑两个月前才对蓟门守将做了部署，频繁调动不利于稳定军心，于是他选择了袁崇焕。他在会上说："榆关是守护京城的重中之重，如今的榆关，将心不稳，军心浮动，令人担忧。我念一段上次巡视辽东之后伯顺写给皇上的奏疏：'……道将既潜身匿影于关内，而无能转其畏敌之情以畏法，化其谋利之智以谋敌，……河西失事数月，试问驻关上者，何所恃以自固？兵填于街衢，哗于酒肆，绝不习技击，而将复以嫖赌身先之，被参之将，潜伏关门，明开赌场，犹谓有法乎？将以剥军而不操练，军以习将而乐逸游，如敌抵关，谁应之者？……今日关事主意，要在步步向外生，打起精神，细寻著数，使三军之气，日趋飞扬，而其大端，在举逃官逃将而换之……另用一番人，耳目一新，旌旗变色，事犹可为也。’”

他扫视一眼众人，然后转向袁崇焕：“你明白我的意思吗?”

袁崇焕点头：“明白。”

“好，榆关就交给你了。从今天开始，把榆关的军队进行一番彻底的整顿。软散士兵，一律裁撤，宁缺毋烂。不足之数，从流浪的辽民招募补充。以辽人守辽土，以辽土养辽人。两月之内，给我训练出一支敢打仗、会打仗、畏法不畏敌的军队。对于逃将，本来应该全部斥退的，但我们初到榆关，诸事待兴，战守之具，一无所恃。有些可用之才，我们要用其力，还是留下的好，比如当下我们应以练火器为应急之着，李秉诚熟悉其事，我们就用他去训练火器手，何乐而不为呢？这些军官，从一名士兵熬到军官，也都有一番经历，我们斥退了，他这一生也许就此暗淡下去了，我们用了他，也许还会有所作为。你去酌情处理吧。”

一切布置完毕，孙承宗很累，也很兴奋，他要按照自己的部署实现收复辽东的大计。这些，在他前来辽东之前，早已胸有成竹了。

在他回到自己的房间，刚要休息一会儿的时候，巡抚阎鸣泰走进来，刚一坐下，就问他：“你真的要收复辽东?”

第二十六章　《示诸将》

孙承宗听了阎鸣泰的问话，把眼睛盯向阎鸣泰，好像盯着天外来客，过了一会儿，才问道："你知道皇上派我干吗来了？"

阎鸣泰明白孙承宗的意思，没有正面回答，只是摇了摇头，长叹一声："难哪。"

孙承宗想让他把话说完，一言不发，只是问询地盯着他。

阎鸣泰没办法，只好硬着头皮说道："萨尔浒兵败，广宁溃逃，这还不能说明问题吗？"

"你的意思是？"

"守住山海关，护卫京师安全。"

"那关外四百里土地呢？"

阎鸣泰又摇摇头："这也是没办法的事，无力回天哪。我们打不过努尔哈赤的骑兵。"

"堂堂大明军队，守护不了大明朝的每一寸土地，那还要军队干什么？"

"那就祝孙阁老旗开得胜。"

"我希望阎巡抚和我一起共同努力，收复失地。"

"尽力而为吧。"

就在孙承宗和阎鸣泰进行那场艰难的对话同时，在山海关下的一间饭店内，五六个军官邀鹿善继喝酒，鹿善继坐在首位，一脸凝重地和几位军官应酬着。他知道这顿饭的目的，孙承宗下达了整顿驻山海关军队的指令以后，袁崇焕已经开始了大刀阔斧的行动，军官们也开始警醒，是啊，自从兵败广宁，糊里糊涂地随着王化贞逃回山海关，过了几个月浑浑噩噩的日子，开始还觉得愧对朝廷，愧对军人的职守，但是后来熊廷弼、王化贞被朝廷扔进了监狱，他们群龙无首，巡抚阎鸣泰也无所事事，听之任之，大家也都只当和尚不撞钟了，玩儿得昏天黑地，忘了自己是谁了。

如今孙承宗来了，要整顿驻山海关部队了，作为军人，他们也知道，几个月来的玩忽职守是有点儿说不过去的，但事已至此，他们将何去何从？虽然不至于像熊迁弼、王化贞那样被扔进监狱，但丢了饭碗是可能的。为了保住饭碗，几个人商量补救的办法，他们看见和孙承宗同来的几个人中，只有鹿善继随侍左右，与孙承宗形影不离，于是，就从他身边的人下手吧，于是，就有了今天的饭局。

鹿善继知道他们的目的，仍然明知故问："各位约在下前来，不知有何见教？"

一时冷场，片刻之后，一位将官嗫嚅地说："职方大人，说来惭愧，自从广宁之战以来，我们退守山海关，没有做好防守的准备，没有抓好部队纪律，没有训练战士，放任自流，总之，一切都不尽如人意。如今枢辅大人要整顿军队，我等知道难辞其咎，被赶出部队是板上钉钉的事，可我们久在行伍，除了带兵打仗又没有一技之长，一旦离开军队，我们连活路都没有了。还请职方大人在阁老面前替我们美言几句，让我们留在军队，我们一定痛改前非，将功折罪……”

一番话说得鹿善继不禁产生了一丝怜悯之情，但一想起上次巡视山海关的情形，那一丝怜悯之情也就灰飞烟灭了。他问：“请问，国家养军队是干什么的？”

“当然是打仗。”

“可是在广宁，在没见敌人一兵一卒的情况下，你们逃了。试问，逃兵还能打仗吗？”

“……”

“退回榆关之后，你们干了些什么？开赌场，逛妓院。你们的士兵都在干什么？喝酒，赌博。别忘了，你们是带兵的人，你们是拿着国家俸禄的军官，你们对得起你们的职责吗？请问，如果女真的骑兵打过来，你们谁能出兵抵抗？一旦榆关不保，京师的安全谁来护卫？朝廷的安全谁来护卫？上次师相巡视榆关，是我陪同来的，亲眼见识了你们的所作所为，你们说，我怎么为你们说情？我张得开嘴吗？”

过了一会儿，为了缓和一下气氛，鹿善继又说：“当然，从战场逃跑也不能全怪你们，主帅逃了，你们也顶不住，所以师相也不可能都把你们一棍子打死。谁去谁留那是师相的事，我们幕僚是绝对不能参与其事的。”

众人一时语塞。过了一会儿，鹿善继拿起眼前的礼单，一张一张地把玩着，一边看，一边说：“你们给的还真是不少，比我的俸禄多多了。可是，我能拿我的良心跟你们交换吗？我能拿大明的江山跟你们交换吗？”说着，慢慢地，把礼单撕成条条，然后又撕成碎片。接着，慢慢站起来，拱手说道：“各位，好自为之吧，恕不奉陪。”

接下来的几天，送礼者接二连三，一个接着一个，有的明目张胆，有的夹在公文里，有的托人送来，不一而足。弄得鹿善继不胜其烦——这样下去怎么行？这天晚上，鹿善继在桌子上铺开一张红纸，略一思考，提笔刷刷地写起来。

第二天早上，督师府的大门口，一张大红的告示赫然贴在门上，题目是《示诸将》：

居恒闻将官除送礼别无本领，不谓时至一墙隔敌，本领如故。以本司硁硁之守，而犹有投礼单者，本领可知也。且其假敌情以藏礼单，即白昼以成暮夜。自待非人，复以非人待本司矣。本司一则指发裂眦，恨积习之难破；一则腼颜汗踵，愧素行之未孚。欲即题参，恐为已甚，碎其单而摽出其使，白其事而姑隐其名，愿诸将再勿以此眼看人，尽洗肺肠，别学本领。要知今日除杀敌别无官阶。要信本司，据送礼即为罪案。敬先文告，莫谓貌言。如负朴心，休嗔辣手。

一时间引得众人前来围观，孙承宗也来凑热闹，看完之后，拈须而笑。

几天之后，孙承宗正在和鹿善继商量今后一段时间的防务事宜，袁崇焕推门进来，报告部队整顿的情况，驻关部队七万多人，除了很大一部分空额之外，河南、真定的军人全部遣返，部分萎靡不振的军官也裁撤了几百个人，剩下了三千多年轻力壮、能够打仗的士兵。孙承宗对袁崇焕还是信任的，听了他的汇报，说道：“好，配齐军官，抓紧训练。另外，从流浪的辽民中选拔、补充士兵，加强训练，以后我们就是要以辽人守辽土，以辽土养辽人，是女真人让他们离乡背井，流离失所，他们对女真人恨之入骨，他们渴望收复辽东，所以我们要尽量组织辽人的反抗力量。很快就要下雪了，估计努尔哈赤的部队年前骚扰的可能性不大，明年开春之前，要训练出一支能够守住榆关的军队，至少需要五万人。没问题吧?”

袁崇焕信心十足地说：“放心，没问题。”

孙承宗扭头对鹿善继说：“回头你督促杜应芳，尽快把甲仗配齐，不能影响部队训练。”

鹿善继点头答应。

第二十七章　宁远之行

1623年春节，孙承宗对驻山海关的部队进行了一次检阅。经过一个冬天紧张的征兵和训练，袁崇焕果然不负孙承宗所托，一支五六万人的军队，无论军容风纪还是士气，都得到了较大幅度的提升，令孙承宗非常满意，这样一支部队，守卫山海关应该没有问题。另外，前屯还有七千骑兵和一万多人的步兵，设若努尔哈赤胆敢进犯，山海关的部队可以凭险正面御敌，前屯的骑兵可以抄他们的后路，努尔哈赤的胜算不大。再说，努尔哈赤正忙于把他的都城从赫图阿拉迁往沈阳，现在出动的概率也不大。

山海关和前屯战斗力的形成，让孙承宗心里有了底气。一个冬天，他完成了第一步的防御，天启三年的春节刚刚过完，他就要实施第二步防御计划。他要稳扎稳打，步步为营，一步一步地实现他的意图。他的总体指导思想是：守关外以捍关内，先固守以图恢复。过了元宵节，他找来鹿善继、袁崇焕和茅元仪，说道："咱们出去走走，要几天的时间，你们去准备一下。"

鹿善继说："路上积雪还没有融化，你这么大年纪，出门行吗？"

孙承宗伸伸胳膊踢踢腿，哈哈一笑："你当我是七老八十的老头子呢。"

四人出门，孙承宗命人牵出马来，已经配好了鞍韂，鹿善继拦住，说道："师相要骑马？不行，绝对不行。要知道，你已经六十一岁了，这般长途跋涉，你得坐车。"

孙承宗说："此行我们要走许多山路，坐车更不方便。"

"那就带上一匹马，走山路的时候再骑马。"

两人僵持了一会儿，再加上袁崇焕和茅元仪也从旁劝说，孙承宗只好命人备车。

他们的第一站是觉华岛。因为事先已经通知，守将游击金冠已经携舟舣在海边等候，先前派来协守觉华岛的祖大寿也来了。相见之后，一同向岛上驶去。鹿善继习惯地带着审视的眼光观察金冠，这是一个看上去普普通通的军人，不多言，不多语，举止得体，沉稳老练，处处透着一种军人的自信，比起粗豪的祖大寿来，则是另一种风格。

鹿善继是第一次出海，碧绿的海水，雪白的浪花，瓦蓝的天空，海水共长天一色，落霞与海鸥齐飞，令他兴奋，也让他晕眩。

一行人在金冠的陪同下巡视了觉华岛。觉华岛孤悬于辽西海湾之中，距海岸线不足十公里，有一个主岛和三个小岛，共一千三百多平方公里。主岛一千二百多平方公里，觉华岛又称菊花岛，目前，菊花已经枯谢，只有枯萎的菊花垂头而立，亦可想见花开时金英烂漫的盛况。主岛南北两头宽，中间窄，呈哑铃状，或者说是不规则的葫芦状。觉华岛在唐代就已经开发，北边是海港，是岛上的重要港口，出入觉华岛的咽喉要道。

四人在岛上逗留了两天，两天的踏勘，令孙承宗很兴奋，晚上休息的时候，他问袁崇焕："有什么想法？"

袁崇焕说："这个岛的地理位置太重要了，它可以成为我们的囤粮城，后勤补给基地，打起仗来，可以把粮草从岛上运过去，努尔哈赤只有骑兵，没有水兵，他拿我们一点儿办法也没有。"

茅元仪也说："我见金冠游击已经建立了水师，我们不妨将其扩大，一是守护岛上粮草，二是配合陆军和骑兵恢复辽东失地。"

孙承宗听了，和鹿善继对视了一眼，哈哈一笑，只说："好，好。"

离开觉华岛，他们渡海向东来到首山。说是向东，其实是沿海岸线前行的习惯说法，首山在觉华岛的正北方。孙承宗站在首山，回望觉华岛，觉得两者属同一地脉，守御相连，是绝佳的用武之地。由首山东去，有双树、连山，再向前是葫芦套，这里楼橹相衔，一派紧张的备战氛围，他扭头对送行的金冠说："要控制好这个地方，一旦发生战事，这里是水陆策应的关键所在。"

葫芦套对面就是罩笠山了。他们告别了金冠，拉着马匹攀登罩笠山，鹿善继把孙承宗和自己的两匹马交给袁崇焕和茅元仪，搀扶着孙承宗上山。爬上山顶，孙承宗坐在一块山石上，一边用东北人冬天必备的狗皮帽子扇着头上的汗，一边锤着腿感慨地说："看来，真的是老了。"三人笑笑说："老当益壮。"

孙承宗望着北边的山峰问："那边是什么山？"

袁崇焕答道："瓦窑寺山。"

“大约多远?”

“二里半。”

“那么，南边就是镇倭台了?”

“是。”

孙承宗说：“从瓦窑寺山到镇倭台大约十里，两旁建铳台，中间挑深沟，待敌人骑兵来犯，以铳炮夹击，可以控扼。”他问袁崇焕：“明白我的意思吗?”

“明白。”

下山之后，他们一路向西，经鞍山、灰山、蜡子山，然后到达窟窿山。站在窟窿山，可以看到首山，两山遥遥相望，问当地人，答曰大约二十六里，山与山不相接处大约十几里，中间有一个废弃的城堡，孙承宗说：“这大概就是宣德三年修建的宁远城了，看来先人还是有战略眼光的。”如果在此重建城堡，可为宁远关，山与关相连，可以作为防御女真的屏障，此功一成，宁远则可以成为一大都会，而山海关，则在重垣之内，万无一失了。孙承宗站在窟窿山上，遥望首山，一重重积雪的山头由远及近，像一道道白色的屏风，屹立于辽东大地，他似乎第一次看到辽左山河之壮美，第一次感受到肩上担子之沉重。如此山河，一定要守护好，绝不能在自己的手中丢失。脚下的枯草，虽然已经干枯，却仍然生机勃勃，昂然挺立着，在寒风中舞动，似乎在呼号，在呐喊。

想到这里，他心里萌生了一个决策。于是，对三人挥了挥手：“走，回去!”

回到山海关，略事休息，又把同行的三人召集起来，开门见山地说：“我决定在首山和窟窿山之间，在原有城堡的基础上，修建一座城池，沿袭以前的城名，叫宁远城，这是女真人南侵的必经之路，一旦来犯，就把他们阻挡在这儿。这是我们的第二道防线，也是关宁防线的最前沿。”

袁崇焕一笑：“早就知道你的想法，这是一个英明的决策。”

“派谁主持修建?”

“非我莫属。”

“你就这么有把握?”

“当然，我会实现你的战略意图。”

“要不要把祖大寿调过来帮你？他的老家就是宁远。”

“不必了，等城池修好了再让他来帮我固守吧。”

“好吧。我已经向朝廷要求了二百四十万两银子，等到春暖花开，银子也就到了，我给你两万人马，一边建城，一边备战。”

鹿善继问：“山海关的防御怎么办?”

孙承宗说：“调马世龙过来。”然后对茅元仪说：“你去觉华岛，一是帮助金冠扩大水师，购买船只，买船的事你去找登莱巡抚袁可立，让他帮你办。二是修建囤粮城，建在主岛北头，城不要太小，除了囤粮还要驻军。城墙要高，要厚，打起仗来不能让敌人轻易攻破。南北可建城门，东西不留城门。三是从瓦窑寺山到镇倭台，两旁修建铳台，此事宜早不宜迟。有什么问题你和金冠直接来找我。记住，只是临时派你去完成这几项任务，不是把你调配给了他，完成任务还要回来。”

三人刚刚说完，一个浑圆的身子滚了进来，带进来一股冷风。来人见过孙承宗，对鹿善继说：“你升官了，我来给你道贺。”

第二十八章　辞进职书

来人是谁，不用说也知道——周顺昌，孙承宗在鹿善继因为金花案而离职时，长亭送别的场合见过，对他浑圆的脑袋、浑圆的身子印象颇深。于是问道："皇上给了伯顺个什么官儿呀?"

周顺昌答道："是吏部调遣，主持铨司。"说着打开吏部的公文袋，拿出一纸任命书，上面盖着吏部的大印，还有吏部尚书赵南星的签字。

孙承宗的心跳了一下，没有说话。自从他认识鹿善继以来，他就很看重鹿善继的博学和凝重，特别是他对王阳明心学的研究和传播，更让他心仪。所以他还没进兵部，就把鹿善继弄到兵部任职方，日前巡视辽东，此次督师辽东，都把他带在身边，成为他得力的幕僚，许多给朝廷的奏疏都是鹿善继执笔完成的。参与赞画之余，他还完成了《廪粮说》《前锋后劲说》等几篇军事方面的论著。在几年来的交往中，他们也结下了深厚的个人友谊，对鹿善继来说，孙承宗亦师亦友。说实话，孙承宗舍不得鹿善继，但这是吏部的公文，又有赵南星的签字，这涉及两部和两部尚书的关系，更何况，这又关系到鹿善继的前途和利益，铨司的地位当然比职方高，而且主管调配官员，是个公认的“肥缺”。所以孙承宗不好说什么，看看鹿善继的意思吧。于是，孙承宗把目光转向鹿善继。

鹿善继明白孙承宗目光中的含意，只是说：“师相，天色还早，我带景文到关城上转转。”

两人登上山海关的城楼，周顺昌被山海关的气势和关上的匾额所震撼。连声赞叹。两人在关城上转了好几个圈，才恋恋不舍地走下来。周顺昌走出关门，向前迈了几步，扬扬自得地说：“哈哈，我也算到过辽东了。”两人游览的过程中，周顺昌几次问鹿善继：“怎么，跟我回去吗？”

鹿善继只是说：“容我想想。”

周顺昌说：“你的《示诸将》已经在京城传抄，人们赞不绝口，部台大人也许是看到你的大作，看中了你廉洁奉公，才把你放在那个位置上的。你可要把握好机会。”

鹿善继听了，只一笑了之。

说到《示诸将》，鹿善继说：“其实那也是无奈之举，那是要得罪人的。此时何时？此地何地？我辈所干何事？师相所禁何言？当大家相信，关门绝馈送之名，岂不提振清明整肃之精神，以寒敌胆？”

周顺昌在山海关逗留了三天，他们游览了长城的起点老龙头，面对起起伏伏的潮涨潮落，浪花如雪，鹿善继却等闲视之，波澜不惊。当然，为了让周顺昌玩得尽兴，他们也没忘记去堰塞湖乘了一次游艇。最后一天晚上，鹿善继宴请周顺昌，拉上了孙承宗。席间，孙承宗终于忍不住问了一句：“什么时候走啊？”

鹿善继反问道：“师相什么时候走啊？师相什么时候走，

我就什么时候走。”

孙承宗点点头，这是他基于对鹿善继的了解，早已预料到的结果。

周顺昌吃了一惊：“敢情你不跟我回去呀？”

鹿善继微微一笑：“师相舍黄阁而驰丹徼，我怎能苦幕府而甘铨司？既随师相赴关，师相一日在师中，我即一日在幕中。”

周顺昌点点头，他知道，从道义来讲，鹿善继是对的。

鹿善继又说：“师相急于为社稷图安，遂不避危险，然亦必安其身而后可以安社稷。师相原自有见地，非孟浪冒险者比，而从行之幕僚，安可知已。”

周顺昌说：“我知道你的为人，倒也赞成你的选择，可我怎么跟部台大人交差呢？”

鹿善继说：“这好办，我自会给部台大人修书一封。”

第二天，周顺昌要回朝廷了，鹿善继拿出昨夜写好的信件，交给周顺昌，说道：“景文，把这封信交给赵南星部台大人，就说我感谢他的器重和信任，但辽事未了，恕难从命。”

周顺昌打开信件，粗略浏览了一下，只见上面写道：

“……窃念人臣事者，各有职任，以此程功罪，即以此受赏罚。……皇上以辽东之失，拔职于众人之中……辽东一日未平，职即一日置身无所，此事理之最明者。数月来，凭皇上圣断，承枢辅指麾，无日不协同平辽之人，踌躇平辽之事，虽规恢榆关之军，整顿前屯之士，路露平辽之气，而尚未实奏平辽之功也。以平辽之官，而受辽未平之赏，即公论宽假，内省谓何？职虽愚钝，颇识礼义，每与同僚，誓报国恩，谓臣子于国家难事，不妨多做，于国家恩泽，不妨少取。职受今职，亦属越格，然曩当人情奔溃之时，以身塞难，故不敢辞平辽之官，今当经营料理之际，功尚俟时，故不敢受辽未平之赏。……”

周顺昌看完，哈哈一笑：“文笔不错，滴水不漏。”说完，纵马而去。

送走了周顺昌，孙承宗总觉得心里过于不去，如果不是他把鹿善继带到榆关，鹿善继已经在铨司任职了，地位、工作条件要比在这里优渥多了。于是，他踱到了鹿善继的屋子，坐下说了一些辽东的事，然后直奔主题，说道：“在这儿，影响你做学问了吧？”

鹿善继明白他的意思，微微一笑，说道：“师相，这一次你可说错了。”

他给孙承宗倒了一杯水，坐下说：“做学问，读书学习，为了什么？为了实践，为了‘行’，为了使自己成为圣贤之人。孔子说，学而时习之；阳明先生说，知行合一。阳明先生在南赣剿灭土匪，是行；我跟随师相来山海关恢复辽东，是报效国家，也是行。在‘行’的过程中‘格’去惑、忧、惧，去人欲，存天理。修心，提高自己，也是做学问。比如，那些想留下来的将领给了我很多银子，至少是大几千，或许上万，如果我动了心，收下了，那就违背了圣贤的教诲，那才是影响了做学问，可是我没有动心，保持了自己的‘良心’，这就是在榆关做学问的结果，这机会不是跟随你来榆关得到的吗？

“再说，这几个月跟着你，学习你的运筹帷幄，防御部署，学习你的待人处世，看人用人，其实也是做学问，也是修心，也是提高自己。做学问不是死啃书本，行的过程也是学的过程，从这个意义上来说，我们都应该感谢你，你不必有什么想法。我们全军将士，全体幕僚，在你的麾下，能够收复辽东，保护辽东，这就是最好的‘行’，这就是最大的学问。”

孙承宗听了，很高兴，只说道：“你想得很深，很远。”

“师相教导有方。”

坐了一会儿，孙承宗又问：“多长时间不讲学了？”

鹿善继答道：“讲学一直没有停过。在老家，有一百多名门人，我按照阳明先生的学说讲解四书。已经讲完了《中庸》《大学》，现在讲到《论语》，我在京师的时候，每个月回去几天讲课，解答学员的问题，平时由父亲讲课，我只是把提纲写好，交给他们就行了。父亲虽然务农，却是自幼饱读诗书，只是家里的一大片产业没人经营，所以他就放弃了科考之路。另外他是个热心肠的人，还要经常参与一些乡里的事情，威望很高，‘太公’的称号倒也不是浪得虚名。”

孙承宗说：“虽说和太公接触不多，但仅仅拿自家的田地贴军一事，就可以看出是一个德高望重、具有家国情怀的人。可你在榆关就没办法回去了。”

“我已经抽时间把《论语》的讲稿提纲写好了，过几天麟儿就会来取。”

“是吗？把你的提纲拿来我看看。”

“好吧。”鹿善继拿过一沓手稿交给孙承宗，“我叫它提纲，其实叫作‘说约’比较贴切，等我再把《孟子》的提纲写完，就可以统称《四书说约》了。还请师相多多指点。”

孙承宗说：“等你写完了，把《四书说约》整体让我过目一下。”

他还想说，铨司的事就让它过去吧，有些事情我自有安排。但他没说，起身走了。

到了越年九月，鹿善继升任本部员外郎，从五品。这一次他没有拒绝，因为不必离开辽东。他知道，这一次是孙承宗运作的。当然，这是后话。

第二十九章　尚成事体否

木匠皇帝朱由校接到孙承宗的奏疏，嘬了半天牙花。二百四十万两银子，国库里有那么多银子吗？鹿善继当年就曾因为挪借了几万两金花银背了个处分，如今老师狮子大开口，一张嘴就是几百万两，让他到哪儿去弄？可他又不能不给，他知道孙承宗去镇守边关，守卫的是他朱家的江山，辽东几次失守让他心有余悸，老师能够主动去恢复辽东已经让他私下里感恩戴德了。他只有一个办法：让魏公公去想办法。

近来，魏公公办事越来越得力，他对魏公公越来越倚重。他让身边的小太监去找魏忠贤。

不一会儿，魏公公来了，施礼以后，魏公公问道："皇上找奴才有何吩咐？"

朱由校拿过孙承宗的奏折："你看看吧。"

魏忠贤看完，笑了笑："交给奴才吧。"

朱由校长长地出了一口气。

魏忠贤回到他的院子，把锦衣卫和东厂的大小首脑都拘过来，命令道："把你们所有的人都动员起来，到各地去收工商税，该缴的缴，该补的补，要快，两个月必须运到京城。"

有人问："前几年不是废除工商税了吗？"

魏忠贤说：“不管它，废除工商税，朝廷都揭不开锅了。光靠农民从土里刨的那些东西，顶不起锅盖来，朝廷花什么？都是那些拿笔杆子的人出的馊主意。”

两个月以后，魏忠贤前来复命：“启奏陛下，辽东的银子已经备齐。”

朱由校吃了一惊：“这么快？”

“皇命在身，不敢懈怠。”

朱由校自是感激不尽，由衷地说：“公公办事越来越得力了。”

“为皇上效命，敢不尽力。”

朱由校想了想说：“对了，往辽东发银两时，顺便派几个大臣同去，犒劳一下前方将士，也慰问一下吾师。”

魏忠贤拱手道：“好的。”

“好啦，以后朝廷的事，还请公公尽量替朕分担一些。如果不是什么大事，公公就自行处理好了。”

“谨遵圣谕。”

馈送的风潮刮过去以后，鹿善继又遇到新的烦心事，朝廷以及各地的官员知道辽东集结重兵，是军官聚集之地，而且待遇比较优厚，于是纷纷写信给孙承宗和跟随他的幕僚，为自己相熟的朋友请托，有时候孙承宗收到的信件也拿来由鹿善继回复，这件事弄得鹿善继心力交瘁。凡写信的人大都位高权重，可答应是不行的，孙承宗最看不上那些靠说情来的军人，有能力的人是不走这条路的。遇到这样的人，直接斥去。所以鹿善继的回信要反复斟酌，婉转而不伤情面。他深感这是一件费力不讨好的差事，但还得去做，一件一件地做好。

有时候鹿善继也想，如果官场上、社会上没有这些馈送、请托、以权势压人、背后用阴谋害人等等那些龌龊的人和事，各人做好自己分内的事，该多好啊！想到这里，他摇摇头，笑了笑，骂了自己一句："幼稚!"他知道那是不可能的，如果真是那样的话，这个社会将很单调，缺少许多色彩、许多故事，忠奸交争，天理乃行。他叹了一口气，唉，该来的还是要来的，该做的还是要做好。那就一件一件地应付吧。

他拿出最上面的一封，是康博士前几天托人捎来的。略一思索，下笔写道：

"承论敢不效力，然弟一向绝未曾于关城将吏处轻送一人，盖幕中司官，送人到各衙门，是自作嘱托之备，而其人借荐主之势，横骛于各衙门，人避投鼠之忌，莫可谁何，此人情事理之必然者。故事若小而所关甚大，特求用者匿其本情，只以轻省话头，来诳吾辈，哄得到手，遂不可问，那时吾辈反为所持矣。近来关城，亦有一二类此者，弟方切齿恨之，而敢蹈之乎？恐兄丈至诚，为人所诳，故缕缕以告。"

刚刚写完，有人推门进来，鹿善继扭头一看，是一个五大三粗的军人模样的人。他赶忙站起来，倒了一杯水，然后问道："阁下是……？"

来人放下水杯，站起来说："你是鹿大人吧？我姓陈，毕自肃毕大人介绍来的。"说着，从兜里掏出一封信来，递给鹿善继。

鹿善继接过信来，坐下看完信，问道："冲阳还在礼部？"

"还在礼部，主客司主事。他让我代他向你问好。"

“谢谢。请问你原来在哪儿高就?”

“在西北，任指挥。最早是在定兴，我那时是个下级军官，我们的任务是保护定兴城，我和毕大人就是那时候认识的。”

“噢，说起来我们算是半个老乡。”

“听冲阳说起过，贵府是定兴的名门望族。”

“这次来榆关有什么想法?”

陈指挥不好意思地说：“在西北军中，禄薄家贫，不足维持生计，听说关上钱粮大，就想借职方大人之手，来关上效力，不望升迁，只为糊口。”

鹿善继站起来给客人续了水。看来这个陈指挥是个很朴实的人，没有野心，不为升官发财，只为养家糊口。这是一个很低的愿望，不会给军中添乱，似乎可以请师相随手安排个职务。但反过头来一想，这个口子一开，其他幕僚有样学样，那制度就形同虚设了。这让鹿善继左右为难，一时拿不定主意。

鹿善继不想慢待老乡，看看时近中午，他对陈指挥说：“走，咱们先去吃饭。”

途中，鹿善继故意带他参观了两个营房，陈指挥看到正值严寒之季的正月，士兵们仍然脱了棉衣，光着膀子进行训练的场景，心里也不免有些唏嘘。

两人走进一家较为整洁的饭馆，一边喝酒，一边聊着家乡的往事，鹿善继边聊边想，一个为家奔走的男人，是个好男人，不一定是个好军人，他在战场上绝不会舍生忘死，因为他身后拖着一个家。而现在关上需要的是出生入死、奋力拼杀的官兵。所以还是不要把他留在关上。

主意已定，鹿善继对陈指挥说：“此时关上，百务严核，力革旧套，与别镇不同，司马相公挑选官兵，专要猛健少年，长刀大斧，略不及格，当即斥去。其意志在上阵。而你志在糊口，目的不同，所以，为你着想，我不想让你留在兵凶战危之地。”

陈指挥说：“刚才在营房看到的，与我原来的想法实在大不相同，想到以后收复辽东的冲杀、搏斗，我适应不了这里的环境，我还是回去吧。”

鹿善继松了一口气，说：“一会儿我给你安排一个旅店住下，晚上我过来陪你吃饭。”

回到督师府，鹿善继走进自己的屋子，继续回复朝廷官员及各地来的推荐信。

这一封是高佐击寄来的。他连续看了三遍，仔细思虑了一会儿，提笔回复道：

“……前年邂逅，已识英雄，苟可自效推毂，岂待他人怂臾。而仆深居幕中，不私见一将吏，凡用将之事，抚、道、镇司之，而总承于师相，幕僚数辈，全无干预，师相之位置幕官者，即所以爱之安之，仆辈稍有知识，敢自越局乎？门下试思使幕官与用人之事，今日用一将，由某幕官，明日用一将，由某幕官，尚成事体否？……又况门下明系桑梓，易嫌瓜李乎？仆生平不敢作违心语，不敢作误人事，故自述其不能之状如此，至于门下原系旧将，与新投诸人不同，或自有效用道理，当事者或应有超用道理，惟门下自择便而行之，勿泥仆之说，以词害意，则善矣。”

鹿善继写完之后，长长地舒了一口气，把手扣在脑后，靠在椅背上休息。一个在孙承宗身边服务的士兵推门进来说：

“朝廷来人了，阁老请你过去。”

会客厅外面，堆放着许多慰问品。走进会客厅，已经有四十几个人坐着，勤务兵在忙着倒茶。鹿善继看看这四十几个人，大部分都认识。他惊奇地发现，这些都是魏忠贤阉党的人，心里一阵恶心，但出于礼貌，他还是泛泛地拱手道：“各位远道而来，辛苦辛苦！”

孙承宗坐在主位，袁崇焕坐在他的旁边。坐在客位上的有刘朝、胡良辅和纪用，也都是魏忠贤的心腹。鹿善继走过去，和客位上的几个人打过招呼，也坐在孙承宗旁边。过了一会儿，孙承宗站起来拱拱手说：“感谢皇上对前方将士的关爱，感谢各位辛辛苦苦，一路风尘，远道而来。宁远方面还有要事，我和元素、伯顺要前往料理，就不能奉陪各位了，还请见谅。各位可以在各处随意转转。”说完，带着袁崇焕和鹿善继走了。

孙承宗走了，留下满屋子的尴尬，朝廷来的人你看着我，我看着你，不解其中之意，但有一点他们是清楚的，他们被晾起来了。主人走了，他们还留在这儿干什么？于是，这帮人愤怒地打道回府了。

鹿善继知道，晾是晾了，心中的不满也发泄了。但这帮人不会不报复的。

其实，孙承宗确实是有事去了。朝廷的银子到了，他要抢时间实现他心中的防御大计。他带着鹿善继、袁崇焕和从榆关调拨的两万人马，浩浩荡荡地开往宁远城去了。在这之前，孙承宗和袁崇焕仔细研究了施工方案，两人的意见一拍即合，袁崇焕高高兴兴，信心十足。

第三十章　如此大好山河，岂能从我们手里丢掉

转眼大半年过去了，前几天袁崇焕捎信来说，宁远城已初具规模。眼看秋末冬初，趁大雪还没下，1623 年 10 月 13 日，孙承宗就带着鹿善继来到了宁远城。

袁崇焕果然不负重托，几个月的时间，就把孙承宗心中的宁远城由平面的图纸变成了立体的城池，八米高，六米厚，三千多米长的城墙，雄踞于两山之间，平原之上，城墙是由打磨过的石块砌成的，东西南北四个城门雄伟壮观，东为远安门，南为永清门，西为迎恩门，北为大定门，四门都建设了层楼。城中央还建了一座鼓楼，应该是指挥系统。和其他城市不同的是，瓮城建在了城门外边。他们由南门进入城内，营房正在施工，他们登上城墙，城墙上，四角各有一尊红夷大炮，每个垛口都是铳台，防守起来固若金汤。看着孙承宗满意之情溢于言表，在一旁解说的袁崇焕得到了奖赏一样地高兴。这是他的一座丰碑，在之后几年和清军的一次作战中，果然赢得了一次大捷，为努尔哈赤的死埋下了伏笔。这是后话。

孙承宗问他："为什么要把瓮城建在城门之外?"

袁崇焕答道："瓮城建在城门之内，是在敌人攻入城门之

后的缓冲地带，只能迟滞敌人入城，显得被动；建在城外，是阻碍敌人进攻的前沿阵地，比较主动。”

“会不会成为敌人进攻的‘出头鸟’？”

“不会，城墙上密集的火力会给他们有力的支援。”

孙承宗伸出大拇指：“这是个创建。宁远城什么时候竣工？”

“明年。”

“好。”孙承宗很高兴。

在宁远休息了一个晚上，第二天一早，孙承宗说：“今天我们去锦州看看。”

鹿善继和袁崇焕听了，大吃一惊：“那可太危险了。”

孙承宗微微一笑：“怕危险就不到辽左来了。再说，锦州离努尔哈赤的都城沈阳还远着呢。”

袁崇焕说：“我带上士兵保护你。”孙承宗摇摇头：“有你陪同就够了。”

宁远离锦州并不远，百十里路，一行三人当天傍晚就到了。

锦州距离渤海湾大约五十里左右，是辽西走廊北部的军事重镇——哦，我们还没使用过辽西走廊这个说法，从山海关到锦州，或者说到广宁，西边是连绵的群山，东边是海，中间是一条狭长的平缓地带，这条平缓地带俗称辽西走廊，是通往山海关的必经之路。随着朝代的更替，社会政治、经济、军事的发展，辽西走廊的地位越来越重要，所以明朝从洪武年间就开始修建锦州城。由于战事频发，锦州城几经破坏，几经修复，到王化贞、熊廷弼败走广宁的时候，又经历了一次战火的洗礼。

孙承宗一行到达锦州，找了个旅店，稍事休息，洗了把脸，就逡巡于锦州的街市与城头。战事结束之后，市民陆续回来了，是啊，这里毕竟有个家，热土难离呀。他们修复了被烧毁的房屋，有了人烟；商人重新开业，有了生活。虽然墙壁上还有烟熏火燎的痕迹，但他们眼下还顾不得这些，有个安身之处也就够了，现在最重要的是活着。譬如蝼蚁的平民百姓，他们的生命力是极其顽强的。

三人登上城墙，城墙还是相对完好的，大火烧不毁城墙。只要有了甲杖，有了大炮，有了火器，锦州还是可以固守的。

三人回到旅店，吃了饭，洗了脚，坐在暖炕上闲聊。袁崇焕问孙承宗："你在打锦州的主意？"

孙承宗笑了："还是那句话，先固守以图恢复。关宁防线我们已经恢复，女真的军队要想突破已经很难，如果修复锦州，关宁锦防线一旦成形，努尔哈赤再想进取中原，势比登天还难。等到时机成熟，我们一举收复沈阳、辽阳，把努尔哈赤打回赫图阿拉。"

"等我把宁远修好，我来给你修复锦州。"

"这次不用你出马，你只要给我守好宁远，让努尔哈赤的军队不能越宁远一步就可以了。"

"我以性命担保。"

"言重了。"

"士为知己者死。"

孙承宗看了袁崇焕一眼，没有说话，他相信眼前这个人。

实地察看了锦州，孙承宗兴致很高。锦州不如想象的那样破败，修复起来难度不是太大，第二天一早，他对袁崇焕和鹿善继说："今天咱们忙里偷闲，游玩一天，带你们去医巫闾看看。"吃完早饭，三人骑马仗剑出发。

医巫闾山在锦州城北面不远处，刚到山下的北镇庙，孙承宗向他们介绍说："传说当年舜把全国分为十二个州，每个州封一座山为镇山。东北为幽州，医巫闾山便是幽州的镇山。隋朝以后，医巫闾山就成了"北镇"的"五大镇山"而闻名天下。元、明帝王登基时，都照例到这北镇庙祭祀，所以声名鹊起，一跃而为东北名山之首。"

一踏上医巫闾山，山间的景物就把鹿善继深深地吸引住了，这是大自然赐予的风景胜地，千姿百态，美不胜收，像一幅博大的水墨画，给人以美的享受。奇峰怪石，苍松翠柏，飞瀑流泉，真可谓鬼斧神工，人间仙境。即使是脚下的落叶，也让人产生出诗的意境。

山上的寺庙更是星罗棋布，姿态万千，镶嵌于山的每一个角落，就像一颗颗珍珠，精彩纷呈，让整个医巫闾山熠熠生辉，圣水桥、鱼池、观音阁、四角亭、旷观亭、蓬莱仙境、莲花石、望海寺、万年松、老爷阁、风井、桃花洞、白云关……孙承宗拄着上山时袁崇焕用剑砍下的一根树枝，一步一步地浏览，一处一处地欣赏，转眼大半天过去了，三人走到观音阁外面，看看天色向晚，孙承宗坐在门外的一块石头上，捶着腿问道："怎么样?"

鹿善继答道："不虚此行。"

孙承宗说："如果游览完了，你就舍不得走了。今天只能游览到这儿了，回吧。"走了几步，他环顾整个医巫闾山，似乎对两个人，又似乎对自己说，"如此大好山河，岂能从我们手里丢掉!"

第三十一章　谒杨忠愍墓

熬过了冰天雪地的冬天，春风慢慢地试探着进入了关外的辽东大地。孙承宗令山海关、前屯、宁远各地的驻军一边备战，一边屯田，并且发动山海关内外的官兵引导流浪的辽民回到各自的家乡种地，并保障他们的安全。宁远以北的辽民，则在宁远以南分配给他们土地，让他们耕种，还要帮他们修缮房屋，分发种子，配备工具。此事纷繁复杂，时间性很强，人误地一时，地误人一年。等这事安排妥当，已经是五月了。

孙承宗让鹿善继和杜应芳回京师去选军仗，也就是当时军队使用的武器。出发的时候，孙承宗嘱咐他，如果有机会，向皇上汇报一下辽东的情况，请求修复锦州的银两。临走时，鹿善继把他最近写的一篇军事论著《车营说》交给了孙承宗。

军仗在内库，属中人司，就这点掌管钥匙的权力，管库人也要拿人一把，百般刁难推诿，就是不给开库，鹿善继生气了：“怎么，就这点事还要圣旨吗？那好，你等着，我给你去要圣旨，正好我有事要面见皇上，到时候钥匙还归不归你管我就不知道了。”管库的人知道他是皇上的师弟，立刻换了一副面孔：“职方大人，开个玩笑嘛，何必当真呢？”说着，开了库房，让他们搬取军仗。

军仗的事忙了一段时间办完了，雇车运往山海关。鹿善继让杜应芳押车回去，自己回到东城的住处，他想见一见他的朋友们，了解一下朝廷的动向。夫人不在家，佣人说，夫人回老家帮着过麦秋去了，儿子也有些日子没过来了。他洗了把脸，吃了佣人做的晚饭，把《论语说约》的讲稿提纲留在书房，让鹿化麟来京时带回去，然后向左光斗的住宅走去。

左光斗门前停着一辆车，鹿善继认识，那是副左都御史杨涟的车。进了门，左光斗和杨涟坐在客厅里，分别坐在八仙桌两边的太师椅上，正在议论着什么，神情严肃，气氛压抑。见鹿善继进来，起身相迎，老朋友久别重逢，自然十分高兴，三人分头拱手见礼，分宾主坐下，左光斗问："什么时候回来的？"

鹿善继说："回来些日子了，师相让我回来选取军仗。"

"事情办完了？"

"完了。我想见见你们，让杜应芳押车先走了。"

杨涟问："辽左情况如何？"杨涟眼神依然锐利，光芒不减，只是额头上的皱纹更深了，头发也更白了。鹿善继介绍了辽东的近况和师相的想法。

杨涟笑了笑说："孙阁老永远是那么雄心勃勃，不愧朝廷的中流砥柱。"

鹿善继说："那是当然。有师相在，可保国门无虞。在朝中，你也堪称中流砥柱。"

杨涟艰涩一笑，伸出小拇指："比起阁老，我是这个。"

鹿善继说："朝廷里目前的情况怎样？师相很关注这事，一再嘱咐我了解一下。"

左光斗摇摇头，那棱角分明的脸显得有些阴沉，叹口气说："不妙。"

在孙承宗紧锣密鼓地经营辽东的时候，魏公公也没闲着，他也在马不停蹄地拉山头，抢地盘，培植私人势力，摆出一付与东林党拼个你死我活的架势。前面我们提到过的比魏忠贤大十八岁还想认魏公公为父亲的顾秉谦，还有魏广征进入了内阁，六部只剩下了一个吏部尚书赵南星，都察院六科的人也都投奔到了魏公公旗下。此外魏公公还有所谓五虎、五彪、十狗、十孩、四十猴孙、五百义孙等等我们称之为"王八兔子狗，长虫刺猬牛"的地痞流氓。这些人，虽然成事不足，但败事有余。让他们祸乱朝纲却是绰绰有余的。

听左光斗讲了朝廷的情况，想想刚才进门的时候，两人在客厅里的神态，回忆当年万历皇帝晏驾时杨涟在朝廷里的翻云覆雨，鹿善继似乎抓住了一条脉络，他们肯定是在商讨对付魏忠贤的事情，杨涟何许人也，他绝不会放任魏忠贤把朝廷弄得乌烟瘴气。鹿善继心想：何不加一把火呢？于是，他长长地叹了一口气："唉，如果杨忠愍活到今天就好了。"

杨涟一怔："你说什么？"杨忠愍是谁他当然知道，只是鹿善继的话深深地刺激了他，让他的心如遭重锤。

鹿善继重复道："我说如果杨继盛活到今天就好了。"

杨涟只是淡淡地说："自古邪不胜正。"

左光斗问："杨忠愍是你们老乡吧？"

"不，他是容城人，不过他的墓在定兴。我还曾写过一首《谒椒山墓》。椒山是他的号。"

"愿闻佳作。"

鹿善继也不扭捏，随口吟道：

穷海说椒山，佳城在此间。
穿林看寂寂，渡水听潺潺。
两疏当年泪，一碑万古颜。
共承臣子训，谁破生死关。

距杨继盛被害未过百年，杨涟和左光斗自然知道。

杨继盛于明朝正德十一年（1516 年），生于河北容城县一个耕读家庭，1547 年考中进士，曾任兵部车驾司员外郎，是时，蒙古军队数次入侵明朝北部边境，大将军仇鸾请开马市以示好。杨继盛上书《请罢马市疏》，直谏仇鸾的马市“十不可五谬”，于是杨继盛被下狱。后来被贬为狄道典史。杨继盛被贬一年之后，仇鸾的马市遭到破坏，皇上朱厚熜知道杨继盛有先见之明，起用杨继盛为山东诸城县令，后改为南京户部主事、刑部员外郎，之后又转为兵部武选司员外郎。这时严嵩当政，他和仇鸾不和，想利用杨继盛对付仇鸾，一年内给杨继盛连升四职，严嵩是个大奸臣，杨继盛根本不吃他这一套，对严嵩的行为更加不耻，于嘉靖三十二年上书《请诛贼臣疏》，这一下，既惹怒了严嵩，又惹怒了皇上朱厚熜，于是又一次下狱。

他在诏狱被廷杖一百，行刑前，朋友托人送给他一副蛇胆，说用此物可以止痛，一个校尉送给他一壶酒，说可以此物伴蛇胆同吃，鼓励他不要怕。杨继盛说：“这个世界上没有怕打的杨椒山!”继而谈笑受刑。行刑后被关入诏狱。半夜醒来，创伤发作，他摔碎瓷碗，手拿碎片清除腐肉，清除腐肉之后，大筋露出来，他就用手掐断。皇上朱厚熜本不想杀他，但严嵩决意要他死，于是，严嵩在别人的死刑报告中加上了杨继盛的名字，皇上审核时也没注意，于是三年之后，嘉靖三十四年(1555年)十月，在狱中被折磨得形容枯槁的杨继盛被害，只有四十岁。一代谏臣死于非命。一腔热血洒在了不该洒落的地方。明穆宗继位后，谥忠愍。

第二天，匆匆面见了一下朱由校，汇报了宁远的修复和修复锦州的计划，皇上同意了。于是，他又匆匆告辞，临走时又匆匆留给朱由校两句话："自古权臣无不蔽贤，非独量隘，实是持位保禄之心胜耳。知惠之贤而不与立，是何心肠？窃位二字化工之笔。大凡偷来的，原怕人夺去。"趁朱由校思量的当儿，转身离去，心说，让他自己去想吧。从紫禁城出来，他没回老家，而是又匆匆地回山海关去了，因为，朝廷的形势太严峻了。

同一天，翩翩两骑自京师方向向南奔驰而来。到了定兴小店村头，他们向村民询问杨继盛墓在哪儿？村民向西一指："过了河，不远就是。"

来人自然是杨涟和左光斗。

他们本想把马放在小店村的旅店里，但是想到还要过河，就牵着马向河边走去。路边的麦子已经黄梢，堤岸杨柳依依，翠鸟啼鸣，河边的芦苇随风摇曳，不知名的水鸟在苇丛里喳喳地叫。

好在雨季未到，河水不深，他们骑马涉过拒马河，向西走了一里多路，就到了杨继盛的墓地。墓园不大，但庄严肃穆，四面围墙之中，是一座很大的坟茔，坟茔前面，有一块高大的墓碑，坟茔后面，是三间祠堂，供着杨继盛的画像，香炉里满是香灰，可见前来祭祀的人不少。他们在画像前上了三炷香，然后虔诚地叩拜一番，出了祠堂，认真地瞻仰墓碑上的碑文。

好大一会儿，他们从墓园中走出来，牵着马，沿田间小路返回。

左光斗问："下一步，怎么办？"

杨涟回过头来问他："你不觉得伯顺已经带我们走了一步吗？"

左光斗不解。

杨涟说："还记得他那首诗吗？"

左光斗低吟了一遍，沉吟一番："哦，明白了，'两疏当年泪，一碑万古颜'，这个伯顺！"

"跟了孙阁老二年，睿智多了。"

过了河，回到大路上，左光斗说："这儿离西江村不远了，我们要不要去拜谒一下太公？"

杨涟说："还是别去了，我们今后要干的是非常危险的事，还是别连累他们的好。"

"好，那就回去。"飞身上马，两骑绝尘而去。

将要写到这儿的时候，正好到了农历十月初一，是民间为故去的人送寒衣纸的日子，我一阵心血来潮，带上夫人，买了一些纸钱，一个花圈，去祭拜这位四百年前的名臣。好在离县城不远，也就是七八里路，田里的农作物已经收割，踩着翠绿的麦苗，很容易地就找到了杨继盛墓。围墙还在，墓碑和祠堂都没有了，只有他的后人立的很小的石碑。我们把花圈放在墓碑前，焚化了纸钱，恭而敬之地祭奠了一番，表达了一点敬仰之情，然后回来继续敲打键盘。

第三十二章　山雨欲来

一个月以后，杨涟终于完成了他名垂青史的战斗檄文——《弹劾东厂提督太监魏忠贤二十四大罪奏疏》。

这一个多月，他一直处于亢奋之中，抱定了为朝廷献身的决心，收集罪证、鉴别、整理、构思，然后奋笔疾书。

这一个多月，他的心中万马奔腾，战鼓咚咚，号角长鸣，一种在战场上与敌人拼死较量，冲锋陷阵的豪迈支撑着他，让他奋斗不息，顽强拼搏，大义凛然，一鼓作气，直指阉党魁首！

这一个多月，他不眠不休，忘了吃喝，眼熬红了，头发全白了，人累瘦了，身上只剩下皮包骨头。

当他终于写完最后一个字的时候，心一下子放下了，精神松弛下来了，他把头向后一仰，睡着了。这一睡，就是三天，要不是左光斗来看他，他还不知道什么时候睡醒。

左光斗说："你等等，我去给你买点吃的。"

吃的买回来了，只有两碗粥和一碟咸菜，杨涟问："只有粥呀？"

左光斗说："你想想你几天不吃东西了，吃干的你受得了吗？"

杨涟想想也是，拿起碗来就喝。

趁他喝粥的时候，左光斗拿起他的疏稿，念道：

为逆珰怙势作威，专权乱政，欺君藐法，无日无天，大负圣恩，大干祖制，恳乞大奋乾断，立赐究问，以早椓宗社事。臣惟太祖高皇帝首定律令，内官不许干预外事，其在内廷只供使令洒扫之役，违者法无赦。故在内官，惟以循谨奉法为贤，圣子神孙相守，未敢有改，虽有骄横恣纵王振、刘瑾，其人旋即诛戮。故国祚灵长至今，岂意圣明在上，乃敢有肆无忌惮，浊乱朝常，罔上行私，倾害善类，损皇上尧舜之令名，酿宗社无穷之隐祸，如东厂太监魏忠贤其人者，举朝尽为威劫，无敢指名纠参，臣实痛之。臣前以兵科给事中，亲承先帝之命，辅皇上为尧舜之君，言犹在耳，今若亦畏祸不言，是臣自负忠直初心，并负风纪职掌，负皇上起臣田间特恩，他日何面目见先帝于在天，谨撮其大罪之著者二十四款，为我皇上陈之。忠贤原一市井无赖人耳，中年净身，夤入内地，非能通文理，自文书司礼起家者也。皇上念其服役微劳，拔之幽贱，宠以恩礼，原名进忠，改命今名，岂非欲其顾名思义，忠不敢为奸，贤不敢为恶哉！乃初犹谬为小忠、小信以倖恩，既乃敢为大奸、大恶以乱政。祖宗之制，以票拟托重阁臣，非但令其静心参酌，权无旁分，正使其一力担承，责无他卸。自忠贤专擅，旨意多出传奉。传奉而真，一字抑扬之间，判若天渊；传奉而伪，谁为辨之？近乃公然三五成群，勒逼讲嚷，政事之堂，几成哄市，甚至有径自内批，不相照会者，假若夜半出片纸杀人，皇上不得知，阁臣不及问，害岂渺小？以致阁臣郁郁叹闷，有坚意求去者，坏祖宗二百余年之政体。大罪一也。旧阁臣刘一燝、冢臣周嘉谟同受顾命之大臣也，一燝亲捧御手，首定大计，嘉谟倡率百官于松棚下，义斥郑养性，立寝后封，以清宫禁，皇上岂遂忘之？忠贤交通孙杰论去，急于剪己之忌，不容皇上不改父之臣，大罪二也。先帝强年登极一月宾天，进御进药之间，普天实有隐恨。执春秋讨贼之义者，礼臣孙慎行也；明万古纲常之重者，宪臣邹元标也。忠贤一则逼人告病去，一则嗾言官论劾去，至今求南部片席不可得，顾于护党气，殴圣母者之人，曲意绸缪，终加蟒玉，以赠其行，是何亲于乱贼？何仇于忠义？偏不容先朝有痛念弓鼎之老臣？大罪三也。……

念完后，左光斗拍案击节："好，犀利，直击痛处！——嗯？怎么只签了你一个人的名字？"说着就要提笔签上自己的名字。

杨涟拦住他："这事风险太大，咱们何必都搭进去？我自己来当出头鸟就行了。等我死了，你给我收尸，继续和他们抗争。"

"别说那么不吉利的话。"

"概率很大。"

左光斗问："现在怎么办？"

"你把它抄几份，交给我们的人。"

"怎么让皇上见到？"

"明日上朝，我当着皇上和满朝大臣的面宣读。"

“皇上不上朝怎么办?”

“只能交给送交文书的部门。”

“那魏忠贤肯定留中不报。”

“我们既然发难，干吗不让他知道?——你再找人多抄几份，发到社会上，动员民众，造成舆论压力。要干，就干他个风起云涌。”

“这办法好。”

左光斗说干就干，魏忠贤的二十四大罪很快就在大臣和民众中间传播开来，人们争相传抄，连国子监的学生也参加进来，一时间洛阳纸贵，很快形成了一个声讨魏忠贤的声势。魏大中以及给事中陈良训、许誉卿，抚宁侯朱国弼，南京兵部尚书陈道亨，侍郎岳元声等七十余人迅速跟进，纷纷上奏魏忠贤的不法之事。

杨涟交给朝廷的那一份奏疏，自然而然地落到了魏忠贤手里，杨涟的奏疏，像一根金箍棒，打得他六神无主。他虽然不识字，但听得到人们的议论，顿时惶惶不可终日。他虽然号称九千岁，但毕竟是混混出身，不懂得斗争策略，只会用粗鲁、简单、低级甚至下三烂的手段。这次收到杨涟的奏疏，他生怕杨涟在上朝的时候当着皇上和大臣的面揭发他的罪状，就阻拦朱由校三天没有上朝。他甚至找到一位位高权重的大臣为他调解，遭到拒绝。

他知道纸里包不住火，朝廷里奏疏不断，社会上民怨汹汹，于是他求客氏在皇上面前为他解围。三十多岁的奉圣夫人依然光鲜靓丽，岁月在她身上几乎没有留下一点痕迹，只是细看起来，脸上多了一些戾气。这几年她利用朱由校大婚时的约定，出于女人的嫉妒，一直在搅乱后宫，她假传圣旨将朱常洛的选侍赵氏赐死。裕妃张氏有身孕，客氏阴谋杀死了她。又革除成妃李氏的封号。皇后张氏妊娠，客氏设计将她堕了胎。手段之狠辣，令人发指。使得后宫里朱家的后代人丁冷落子孙稀。由于她集皇上万千宠爱于一身，皇上也不怎么管她，她俨然成了后宫的主宰。她拿过奏章，浏览了一遍，便点头答应。

当晚，皇上朱由校到客氏这里"吃奶"，客氏便拿出杨涟的奏章，对朱由校说："皇上，杨涟写了弹劾魏公公二十四大罪奏章，你看了吗？"

朱由校说："看了，奉圣夫人怎么看？"

"此乃朝廷大事，小女子不敢置喙。"

"但说无妨。"

"依我看，也没什么大不了的事。"

"此话怎讲？"

客氏拿过杨涟的奏章，指着第一条说道："'祖制，以拟旨专责阁臣。自忠贤擅权，多出传奉，或径自内批，坏祖宗二百余年之政体。'批阅奏章是皇上的事，让谁帮忙也是皇上的权力，这是魏公公的罪还是皇上的罪呀？再看这第十二条，'今日奖赏，明日祠额，要挟无穷，王言屡亵。近又于河间毁人居屋，起建牌坊，镂凤雕龙，干云插汉，又不止茔地僭拟陵寝而已。'奖赏是皇上给的，牌坊也是皇上下令建造的，这一条是魏公公的罪呢还是皇上的罪呢？其实这都不是罪，所以我说，没什么大不了的。"

一番话，把客氏的阴狠狡诈表现得淋漓尽致，既开脱了魏忠贤，又给杨涟和朱由校拴了对。朱由校如何听不出来？但他即使有不满，也不能在客氏面前表现出来，最后只说了一句：“告诉魏公公，该干什么还干什么吧。”

二人缱绻到三更，朱由校离去了，客氏也回到宫外自己的家里，因为魏忠贤还在家里等她。见客氏满面春风的样子，他已经知道结果了。

客氏轻叹一声：“唉，都过去了。虚惊一场！”

“谢奉圣夫人斡旋。”魏忠贤感激涕零。

“怎么谢我?”客氏一脸淫邪。

魏忠贤拢了一把花白的头发，搂过客氏，二人倒在床上。

第三十三章　十二车营

有了皇上这句话，魏忠贤心里有了底气。如今他的羽翼丰满了，朝廷上上下下几乎都是他的人了，他无所顾忌了，他要举起屠刀，放手一搏了！

不是还有个吏部尚书赵南星吗？那好，十月，皇上一道圣旨：赵南星忝居要职，结党营私，祸乱朝纲，免去吏部尚书之职，回原籍听候裁处。圣旨出自何人之手，明眼人一看便知。

接着，杨涟、左光斗、周顺昌等十几个人以"大不敬""无人臣之礼"遭到严厉批评。先不罢免你们，让你们睁开双眼，看清形势，知难而退。十几个人果然识趣，纷纷提出辞呈。

不是还有个叶向高吗？七十多岁了还不知进退，赖在朝廷里不走，那好，魏公公发动了几十名太监，一律换上平民的衣服，在叶家门口鼓噪，三天三夜，让你吃不好饭，睡不了觉，几十年的朝廷老臣，在魏公公一个下三烂的手段面前束手无策，只好乖乖地回家了。

至此，东林党在朝廷里崩塌了，"白茫茫一片大地真干净"。不，还有一个汪文言，这个汪文言不能走，留着他还有用。你东林党人以为一走就能了之了吗？不不不！那太便宜你们了。那不是魏公公做事的风格。迂腐！

鹿善继回到山海关督师府，就向孙承宗办公的屋子走去，向他汇报此次的京师之行。汇报完了，孙承宗拿出鹿善继临走时交给他的《车营说》。

“看完了？”

孙承宗点点头。

“请多指教。”

孙承宗用手指敲打着桌子：“我看过你的几篇军事论著，《前锋后劲说》《廪粮说》，还有这一篇，有观点，有论述，都很不错，我只是不明白，你一介儒生，怎么研究起军事来了？”

“随师相在军中，不研究军事，不是失职吗？”

孙承宗笑了：“战车可是远古时代的东西。”那意思是说，现在研究它可有实用价值？

鹿善继说：“战车确是远古时代的东西，从夏朝就开始用于作战，到了西周、春秋战国时期，已经成为主要的作战器具，汉大将军霍去病攻打匈奴，西晋讨伐秃发树机能，也都用战车，那时候，一个国家的军事力量，都是用千乘或者万乘来概括的，可见战车在战争中的作用。到了魏晋以后就基本上被淘汰了。可是师相你想，古代战车对付的是什么兵种？”

“当然是骑兵。”

“后金主要是什么兵种？”

孙承宗“噢”了一声：“你是说用战车对付女真的骑兵？”

鹿善继说：“兵以正用，以奇胜，所以藏运用而裕不穷也。我们为什么不可以古为今用呢？况且，古代战争用的是刀枪剑戟，我们今天有火器，战车配上铳，更有杀伤力。”

孙承宗说：“这想法好，我们研究一下具体的做法。”

鹿善继知道师相已经肯定了他的想法，很高兴。具体做法他已经胸有成竹：“古代的战车只有一个辕，套四匹马，我们采用现在车辆的结构，用两个辕，套一匹马就够了，车上配备三个人，一个驭手，两个战士，配备铳、弓箭和战刀或矛，远则用铳，稍近用弓箭，近战用矛，这样配备，对我有利。车厢，也就是舆，要厚一点，可以抵挡对方的箭。战车后面可以掩藏几名步兵，以备短兵相接时的拼杀。车轴要短一点，也就是毂外面的部分，这样减少碰撞，战国时期齐国的田丹就是因为锯短了车轴逃脱的。车阵可以有效地阻遏骑兵的速度，也有利于混战时的厮杀。总之，正如我在《车营说》开篇所说：‘夫车于兵为樊垣，微独遏冲突为守也，守以应来，发以应往，握奇于中，而运奇于外’。”

孙承宗听完，说道：“你谋划得很细致，也很完整，咱们不妨试试。我已命万有孚抓紧砍伐树木，过几天就可以开始制造战车。不过你要在现场指导几天。”

“没问题。”

“一共要造多少辆？”

“每个营先造三十辆，多少个营由师相决定。”

“我们先造一个营的战车，先行先试。建多少营，稍后再定。”

这期间，孙承宗把协助金冠守觉华岛的祖大寿调到前屯，把守卫前屯的赵率教调去修复锦州。同样给了他两万兵力，一边修复城池，一边守卫锦州。

由于事先有所准备，战车制造速度很快。第一营训练出奇的顺利，效果很好，于是加快了进度，到了八月，十二营的战车、人员都已配备齐全。一个新的兵种诞生了，士兵们热情高涨，信心十足。天启四年八月二十八日，孙承宗升堂，任命了十二车营的首领，举行了盛大的阅兵仪式，然后把十二车营尽数派出关外，北至锦州，南到前屯，都有车营。孙承宗则带着鹿善继前往锦州，视察修复情况，这一次，因为路途较远，他没有坚持骑马，而是乘车出行。

几个月下来，锦州的面貌一新。孙承宗和鹿善继到达的时候，天气将晚，他们迟迟不见赵率教前来参见，后来，在士兵的带领下，他们在一个工地找到了赵率教，他正在和士兵一起和泥搬砖，弄得浑身的泥点子，让孙承宗感动不已。

在锦州的几天里，孙承宗和鹿善继顺便察看了附近的松山、右屯一带，半路上，他们看见一队车营正在训练，也就驻足观看，这时候，几百名女真的骑兵涉过大凌河朝车营奔来，这是明显的挑衅，车营快速摆开阵势，等对方骑兵近了，首领一挥小旗，铳口冒出一片白烟，骑兵顿时倒下一片，再近一点，弓箭如飞蝗般射去，骑兵又倒下一片。女真的骑兵非常剽悍，虽然只剩下一小部分，仍然冲入车营，混战起来，战车迟滞了骑兵的速度，使他们施展不开，最后，毕竟寡不敌众，他们还是败走了。

这一战，车营俘获了一百多匹战马，几十个伤兵。也使在一旁观战的孙承宗和鹿善继信心倍增。

眼看锦州的修复进展顺利，孙承宗把自己的轿车送给了赵率教，自己骑马回去了。

关锦防线的建成，让孙承宗心里底气十足，辽东的防御是没有问题了，接下来就是要寻机对女真发起进攻，收复沈阳和辽阳，把努尔哈赤赶回他的封地赫图阿拉。他现在坐拥十多万能征善战的军队，有九城四十五堡，收复辽东是手到擒来的事。

回程中，他看到自锦州以南的大部分土地都已种上了庄稼，可以想见，许多流浪的辽民已经回到家乡，他很高兴，以后可以以辽东的力量守护辽东了。他对鹿善继说："回去写个奏折，请朝廷拨二十四万两银子，我们收复辽东。"

防御的工程已初具规模，孙承宗放下心来，他不再只争朝夕，回程中也就优哉游哉了。他在宁远停留几天，在前屯盘桓几日，在觉华岛，他看见水师已经初具规模，从南方买的大船也已经到位，就对茅元仪说，你去宁远，帮袁崇焕守宁远城吧，领副总兵衔。回到山海关已是九月初了。鹿善继为本部员外郎的任命书已经到了，他知道这是孙承宗对于上次提升他到铨司没有到任的补偿，他接受了，孙承宗也很高兴。但随后就收到了叶向高、赵南星、高攀龙、杨涟、左光斗、魏大中、周顺昌等人辞职的消息，孙承宗心里一沉：朝廷的问题严重了，阉党成事了。

他把鹿善继找来，说了朝廷里发生的事，然后说："咱们得带兵回京一趟。"

鹿善继一惊："带兵回京可是朝廷大忌，清君侧吗？"

"我就是要震慑一下阉党，告诉他们，我孙承宗手里还有军队，他们不可以无法无天！"

"以什么名义？"

"请皇上检阅车营。"

"带多少部队？"

“三个车营，一百名骑兵。”

“他们如果假传圣旨，不让进京怎么办？”

“那是意料之中的事情，不过我们的目的已经达到了。”

果然不出所料，当孙承宗的军队浩浩荡荡开到通州的时候，接到圣旨：“无旨离信地，非祖宗法，违者不宥。”

孙承宗犹豫了。

鹿善继说：“会不会是魏忠贤假传圣旨？”

“给我的圣旨，他不跟皇上说好，不敢假传。”孙承宗说，“如果我们贸然进京，会很被动。”

“那怎么办？”

“等等看。”

孙承宗故意在通州驻了十天，才返回山海关。从此，孙承宗的精力不仅放在辽东，也在关注朝廷里的动向。他向朝廷申请的用于收复沈阳、辽阳的二十四万两白银，也从此杳无音信了。

在这几天之内，鹿善继收到定兴县令王中讱的一封信，问他上次回京为什么没有回家看看，他很牵挂。

鹿善继深感朋友之间的情谊，回信说：“日前儿麟至关门，得拜读老父母函教，所为提诲者至矣。感切。……不肖比以催请军需，一至都下，日仆仆诸当事之前，领项自怜，笔舌俱蔽，月余事峻，星驰赴关。咫尺家园，未遑便省，窃比古人过门之义。然数椽茅屋，五亩秫田，托在仁侯覆露之下，魂梦亦可无牵也。但得东事蚤平，便当投绂归来，长为咏歌雅化之民足矣。”

第三十四章　从汪文言开刀

天启五年，刚刚过了正月十五，魏忠贤就下令给五彪之一的锦衣卫指挥佥事许显纯，把汪文言抓到东厂监狱！上次我抓他，你们不是不声不响地把他放出来，还让他升任中书舍人，以此来向我示威吗？今天老子又要抓他，看你们谁敢来救他！

以前我们提到过汪文言，他是狱吏出身，在县里当个县吏，也是个呼风唤雨的角色，一要背景，二要能力。这两样汪文言都不缺。史书上评价他“智巧侠气，饶具谋略”，因为监守自盗逃到京师，在内宫依靠王安，在外廷倚仗刘一燝，还花钱买了个监生。由于他八面玲珑，很快就在朝廷里混得风生水起，后来在首辅叶向高的扶持下官至中书舍人，被阉党崔呈秀整理的《东林党点将录》称为“鼓上蚤汪文言”。

汪文言走进东厂监狱的那一刻起，就已经知道没有生还的可能，因为很少有人能从东厂监狱里立着走出去。他适应了一下阴暗的环境，第一眼就看到了坐在桌子后面的魏忠贤。魏忠贤说：“中书舍人大人，你让我好等啊。”

汪文言一笑：“能得到九千岁大人的青睐，文言荣幸之至。”

“怎么样，这地方很熟悉吧？”

汪文言哈哈一笑：“熟悉，特别是这里的血腥味儿。”

魏忠贤也一笑："好好交代，我可以不让你尝到血腥味儿。"

"交代什么？"

魏忠贤一指许显纯："他会问你的。"然后又问，"上次熊廷弼的事情是怎么回事？"

汪文言呵呵两声："熊廷弼在监狱里待了两年多，他不想待了，就拐弯抹角地找到我，想用银子赎身，我也就拐弯抹角地找到你，你答应四万两银子就放他，他拿不出四万两，这事就这么不了了之了。"

"银子是不是你吞了？"

"哼，赎身买命的钱，我还不屑于拿。不像你，什么昧心的钱都敢拿。"

"再好好想想。"扭头对许显纯说，"押下去吧。"

四月，天气早已转暖，外面的树叶儿已经绿了。在紫禁城乾清宫旁边魏忠贤阴暗的屋子里，还生着炭火。阉党的核心人物魏忠贤、大学士顾秉谦、大学士魏广征、锦衣卫指挥佥事许显纯在一起密谋。

许显纯说："汪文言这个老狐狸，两个多月了，械、镣、棍、拶、夹棍都用上了，就是死蛤蟆不张嘴，气死我了。"

魏忠贤说："你这个锦衣卫指挥佥事的能耐让猫叼走了？你们文人有句话叫无所不用其极，明白吗？无论如何要把他的嘴撬开，把口供弄出来。"

"明白了。"

"解决了汪文言，我们就可以抓杨涟、左光斗那帮人了。"

魏广征拿出一本小册子交给魏忠贤："这是崔呈秀搞的《东林党点将录》，你看要不要把这些人都抓起来？"

魏忠贤接过来看了一眼，说：“先捡骨干收拾吧，时间允许的话，将来我们会一网打尽。”

顾秉谦说：“好，听从九千岁决断。不过，眼下还有一个心腹大患。”

“什么心腹大患?”

顾秉谦没有说话，用手一指东北。

魏忠贤何等聪明，顿时就明白了。他一皱眉头：“这事有点扎手，得皇上说了算，毕竟他是皇上的老师。”

魏广征也明白了，他知道这话的分量，他说：“这可是关键的一步棋，弄不好，他一动用军队，咱们满盘皆输，都得完蛋。”

魏忠贤眼珠一转：“也不是一点办法没有。”

“九千岁请讲。”

“动员我们的人写折子，主要方向是削减军需银两，裁撤前方士兵，减轻朝廷负担。制造舆论，影响皇上，然后我们再向皇上慢慢吹风。”

“那好，我们分头去办。”

回到东厂监狱，许显纯命人把汪文言提上来，绑在行刑架上，许显纯说：

“中书舍人大人，今天再给你最后一次机会，说，还是不说？说了，还可以多活几天，不说，明年的今天就是你的忌日。”

汪文言知道，今天这一关怕是过不去了，他昂首挺胸：“要杀要剐，悉听尊便。”

许显纯命人拿过纸笔，在上面写起来，一边写，嘴里还一边念叨：“……杨涟两万两，左光斗两万，魏大中三千……”

汪文言知道他在干什么，显然是要以受贿罪谋杀杨涟等人。他大声喊道：“尔莫妄书，异时吾当与尔面质!”

许显纯笑了：“以后的事，谁说得准呢?”然后对狱卒说，“往死里打，打死了拉出去喂狗。”说完，起身要走。走了两步，又转回来，拉着汪文言的手，强行在伪造的口供上按了个鲜红的手印。

汪文言仰天大呼：“世间怎么会有贪赃的杨大洪!”大洪是杨涟的号。

汪文言死后，有人评价他，追逐权位，利益至上的老狐狸汪文言，经历几十年官场沉浮，尔虞我诈之后，拒绝了诱惑，选择了道义，成为一个正直无私的人。

许显纯拿着汪文言的口供去向魏忠贤邀功，魏忠贤看了看，说：“加上赵南星一万五千两，不能便宜了那老家伙。”

“是。”许显纯得意扬扬地说，“这回可算是死无对证了。”

“是吗?”

许显纯一惊：“你是说……?”

“还有一个活口。”

“噢——”许显纯明白了。

五月，熊廷弼死于东厂监狱。

不久，吏科都给事中魏大中从他的家乡浙江省嘉善县被拘捕回东厂监狱。只是因为他在杨涟上书弹劾魏忠贤之后，也和同事一起上书。他在奏疏中说：“如今魏忠贤狐假虎威，拉帮结派，先是杀死王安在内宫树立淫威；然后驱逐刘一燝、周嘉谟、王纪在外廷树立淫威；最近还杀死三个外戚亲贵的家属在三宫树立淫威，极力勾结保姆客氏，伺候陛下饮食起居；到处安插傅应星、陈居恭、傅继教等人，窃取朝廷的消息。真是到了天怒人怨的地步，所以杨涟不惜冒着粉身碎骨的危险极力向陛下陈述。当今魏忠贤的种种罪状，陛下全都揽在自己的身上，代他承担责任。陛下贵为天子，把三宫嫔妃的性命全都交给魏忠贤和客氏，怎不让人寒心。魏忠贤、客氏一天不离开，恐怕宫中左右都是魏忠贤、客氏的人，不是陛下的人，陛下真正在上面被孤立了啊。”魏忠贤岂能容忍区区一个都给事中如此忤逆他？于是他成了第一批祭旗的人。

在魏大中被拘捕的途中，还发生了一个小小的插曲。

魏大中是浙江嘉善人，回京的途中要经过吴县，吏部文选员外郎周顺昌是吴县人，此时也被魏忠贤罢斥在家，听说魏大中被拘捕，早就派人在路上等候。他把魏大中接到家里，一住就是三天，并且和魏大中结为儿女亲家，前来拘捕魏大中的东厂缇骑再三催促，周顺昌骂道：“你们不知道这世上还有不孤死的男子吗？回去告诉魏忠贤，我是吏部文选员外郎周顺昌，他魏忠贤算个什么东西！只不过是个地痞无赖小混混而已，如今依仗皇上的权威，狗仗人势，一手遮天，狐假虎威，把朝廷弄得乌烟瘴气，以为朝廷就是他们家的了？回去告诉他，他如此胡作非为，定然不得好死，早晚会死无葬身之地！”缇骑被骂得狗血淋头，也只能依了他。

周顺昌就是这样的一个红脸汉子，疾恶如仇，讲义气，为朋友两肋插刀。记得金花案的时候，他就曾对鹿善继说过：“皇上怪罪下来，要杀要剐，我和你一起承担！”

魏大中到达东厂监狱的时候，杨涟、左光斗也已经被抓到这里。一同被抓的还有周朝瑞、袁化中、顾大章。

第三十五章　简汰之风

乾清宫，皇上的御书房。

朱由校今天顺利地完成了一件木工活儿，心里高兴，晚膳之后，稍微洗漱了一下，本来要去客氏那里“吃奶”的，不知怎么鬼使神差地拐到御书房转了一圈，他就看到昨天魏忠贤送过来的一摞奏折还没有批阅，就顺手拿过一本浏览了一下，是大学士顾秉谦的：“……辽左兵员太多，应以简将、汰兵、清饷三事责承宗。”他看完，扔在一边。又拿起一本，是魏广征的：“辽左近年无战事，大量养兵，朝廷负担过重，致使国库空虚，……”再拿一本是崔呈秀的：“……自古拥兵自重是历代帝王都要防范的。近年辽左了无战事，而督师权力太重，陛下尤其要心存提防，日前领兵至通州，可见端倪……”朱由校看了，又扔在一边：“屁话，吾师何用防范!”不过，这些奏折却也扰乱了他的心境，怎么都是一个调子啊？难道这几年陈兵辽东错了吗？

他也顾不得去“吃奶”了，命身边的小太监去宣首辅孔贞运、兵部尚书王永光前来觐见。

孔贞运和王永光很快就来到御书房。

朱由校开门见山地询问他们对辽东局势的看法。

孔贞运说："孙阁老坐镇辽东四年，中朝宴然，不复以边事为虑，这是大功一件。"

王永光说道："兵家有云，善战者，无赫赫之功！几年下来，孙阁老和袁军门一直没有发动大战役的机会，而发动战略总反攻把后金赶出去的机会又不成熟。但反过来说，孙阁老在无形中为朝廷省下了许多军费，确保了山海关安然无恙，使朝廷有了更多的机会养精蓄锐，充分显示了天朝的不战之威。"

孔贞运又说："阁老久历海上，凡地形险易、军储盈缩、将吏能否、虏情向背皆洞若烛照，故几年之任销锋卧鼓。我在山海关听鹿善继讲学，他说'为甚善战是大罪，战原用不着。'我们在辽东屯驻了大量军队，极大地震慑了努尔哈赤，所以他这几年没有敢发动进攻，止戈为武嘛，这正是孙阁老的镇守之功。"

朱由校感兴趣了："鹿善继在辽东前方讲学？"

"是。不仅给将领讲，也给士兵讲，讲古代的战例，讲王阳明在南赣剿匪的事。也讲辽东的防守，我就听他讲过他自己写的《前锋后劲说》《车营说》《禀粮说》，建立车营就是他提起的。他虽是幕僚，堪称孙阁老的左膀右臂。"

朱由校说："我只看过人们传抄的《示诸将》。"然后对王永光说，"你派人叫鹿善继回京来见朕。"

"好。"王永光答应一声。

朱由校又说："把你们的看法写成奏折，明天交给我。"

"已经写啦。"孔贞运和王永光同时说。

朱由校指着那一摞奏折说："去找找看。"

王永光去翻看那一摞奏折，翻完了，说道："没有。"

“没有？”朱由校一愣，没有说什么。

两人知道这是魏忠贤从中捣鬼，但魏忠贤圣眷正隆，说什么都不好，当即一拱手，告辞。

几天以后，鹿善继在王永光的陪同下来到朱由校的御书房。王永光知道鹿善继和皇上的关系，把鹿善继领进御书房以后就退出去了。

鹿善继刚要行礼，朱由校拉住他：“没有外人的时候就免礼吧。”然后两人就有一句没一句地闲聊。

朱由校：“辽东情况如何？”

鹿善继：“一片大好。宁远城重修了，锦州修复了，觉华岛水师已经训练好了，十二车营完全可以用于实战。将领信心十足，士兵情绪高涨。万事俱备，只欠东风，只要朝廷银子一到，就可以向努尔哈赤发动进攻，收回沈阳和辽阳。”

朱由校沉吟一下，没有说话。过了一会儿，问道：“老师身体怎样？”

鹿善继：“不大好。老师在关四年，眠沙宿草，一切重担全都压在他一人肩上，整饬榆关，重建宁远，修复锦州，建设觉华岛，组建水师，建立车营，任用将领，调配士兵，筹备粮草，谋划军饷，了解敌情……大事小情，桩桩件件，哪一样不得老师操心？这几年前方无警，朝廷安然，百姓安居，还不全靠老师在前面遮风挡雨？可总是有那么一些人，在后面唧唧咕咕，说三道四，唯恐天下安定，目前，简汰之风已经刮到辽东，弄得老师心灰意冷，将士人心惶惶。这是毁我长城。萨尔浒之战和王化贞的广宁之败，殷鉴不远，望陛下明察。为了朝廷安全，大明的国祚，还请陛下明断。这几年，老师身体大不如前，六十多岁的人了，过度操劳，腰弯了，头发白了，走路也不那么利索了，一到冬天，关节疼痛难忍，可他还是咬牙坚持着，一声不吭，令人担忧。真希望陛下大发怜悯之心，让老师回来休息一段时间。”

朱由校说：“回去告诉老师，我会考虑的。老师的事情，你也要多分担一些。照顾好老师。”

鹿善继说：“我会的。”

“听说你在前方还在讲学？”

“偶尔为之。”

“据说效果不错，即传播了知识，又鼓舞了士气。这很好。”

看样子朱由校的话说完了，鹿善继告辞。

朱由校说：“对了，给你块腰牌吧，免得还要别人带你进来。你有事随时可以来见朕。”

鹿善继接过腰牌，是黄色的，纸牌大小，正面有“关防”两个字，背面是“严肃”二字。

朱由校说：“这是最高等级的腰牌，有了它，你可以想去哪儿去哪儿，紫禁城，六部衙门，锦衣卫，东厂，没人敢拦你。”

鹿善继谢过，告辞出来，去了兵部向王永光辞行。他从王永光口中得知，左光斗等人被抓，关入东厂监狱，严刑拷问。许显纯诬蔑他们收受杨镐和熊廷弼的贿赂，杨涟等人起初不承认，后来害怕不承认就会被严刑拷打而死，他们天真地希望被送往司法部门，可以缓死，以后或许能澄清真相，于是他们都承认了那些莫须有的罪名。左光斗也虚担了收受贿银二万两的罪名。

此刻，鹿善继心急如焚，本想前去东厂探望，但想到自己势单力薄，无力救援，他决定先通知家里，请父亲凑集银两，设法施救，然后回山海关请老师想办法。于是，他赶到孙奇逢在都门讲学的地方，说明情况，请孙奇逢转告太公，赶快筹集银两，营救杨涟、左光斗、魏大中。然后打马星夜回山海关去了。

第三十六章　腥风血雨

在杨涟被抓几天之后，魏忠贤还是抽空“接见”了他。

这是东厂监狱的一间刑房，刑房里堆满了各式各样的刑具，鞭、镣、棍、拶、夹棍样样俱全，上面沾满了斑斑血迹，散发着浓烈的血腥气。魏忠贤命人搬来一个桌子，一把椅子。他自己坐在椅子上，神气活现地喊道：“带杨涟!”这明显的不合规矩的喊话，令狱卒们偷偷地笑了。

杨涟被狱卒押过来，戴着镣铐，浑身是血，脸上有伤，看来不止一次地动刑了。他艰难地走着，仍然昂首挺胸，蔑视地看着魏忠贤。

魏忠贤也以一个胜利者的姿态看着杨涟。两人就这么对视着，一时间谁都没有说话。

还是魏忠贤先沉不住气了，问道：“左副都御史大人，这里还住得惯吗?”

杨涟轻蔑地看了他一眼：“拜你所赐，还行。”

“还记得当年争抢太子的时候，你骂我的话吗?”

“当然记得，今天还是那句话：你算个什么东西!”

“你可看清楚，坐在你面前的是当朝九千岁。而你，左副都御史大人，则是我的阶下囚。”

“子系山中狼，得志便猖狂。看你穿的人模狗样，号称九千岁，不过小人得志罢了，你本质仍然是当年的街头小混混。”

“可我这个小混混，一声令下，你的脑袋就没了，你信吗？”

“这个我信，历朝历代，都有过欺世盗名的人，他们权倾朝野，可最终没有一个落得个好下场，你也一样，你信吗？”

“我们干吗非要这么斗下去呢？你干吗非要弄个二十四条罪状，要把我打下十八层地狱呢？我招你惹你了？”

“你要是只招我惹我，那倒还无所谓。你如果只老老实实管好内宫的事，不参与朝政，我参你干吗？但你结党营私，残害忠良，祸乱朝纲，我岂能容你？自古宦官专权，光明朝就有刘瑾、王振之流，他们哪一个有好下场了？你好自为之吧。”

魏忠贤沉吟了一下说：“你看这样行吗，我们不斗了，念你是个人才，我放你一条生路，你归顺于我，你管外廷，我管内宫，我们一块儿把朝廷的事办好，怎样？”

杨涟轻蔑地一笑：“就你？一个连妻子女儿都敢卖，连魏朝那样的把兄弟都敢坑，连你的恩人王安都敢杀的败类，我会归顺你？你看看你网罗的都是些什么人，五虎、五彪、十狗、十孩、四十猴孙，有一个人吗？别看你贵为九千岁，在我眼里，你给我提鞋都不够资格。”

一席话，令魏忠贤气昏了头：“既然话说到这个份上，那我就没什么好说的了，咱们骑驴看唱本，走着瞧。”说完一甩袖子，气哼哼地走了。

鹿善继回到山海关，向孙承宗汇报了朝廷的情况，孙承宗立即察觉到了事态的严重，他让鹿善继当即回京，尽量施以救援，并把皇上赐给他的尚方剑交给他。

鹿善继回到京城，已经是魏忠贤和杨涟唇枪舌剑的第二天了。朱由校给他的腰牌果然管用，他一路畅通无阻地进入了东厂的监狱。刑房里，许显纯正在给左光斗上刑，左光斗两只胳膊被绑在行刑架的横梁上，披头散发，血肉模糊。鹿善继见状，心疼得身上直冒凉气。

许显纯一手提着鞭子，一手指着左光斗说："左大人，当年在保定，你们像耍猴子一样耍我，让我颜面尽失，今天，我要让你十倍百倍地奉还，让你拿命来还！"说着，举起鞭子朝左光斗身上抽去。

鹿善继一看，急了。立即抽出孙承宗给他的尚方剑，刺向许显纯的胳膊，许显纯胳膊一疼，手松了，鞭子掉在地上。回头一看，见是鹿善继，说道："老乡，你……"

许显纯的袖子被鲜血染红，一滴一滴滴落在地上。

鹿善继也有些害怕，这可是他第一次拔剑伤人。

狱卒们很快围上来，眼看就要动手，鹿善继迅速冷静下来，举起尚方剑："我看谁敢动！"

狱卒见到尚方剑，顿时后退。

许显纯对鹿善继说："老乡，你我何必刀剑相向？"

鹿善继看了他一眼："既然你认我这个老乡，那我就奉劝你一句，凡事留一线，日后好相见。你干的是公事，不要公报私仇。——先去处理一下伤口吧。"

说完，砍断了左光斗身上的绳子，吩咐道："送他回去。"

左光斗被狱卒搀扶着走了，走到门口，回头看了鹿善继一眼。

鹿善继刺伤许显纯，让魏忠贤大为光火。一个小小的兵部员外郎，竟敢动我九千岁的人！他气哼哼地来到客氏的房间，说了事情的原委。客氏听了，说道："我看你还是忍一忍吧，这个人你还真惹不起。"

"怎么?"

"第一，这个人是我的恩人，你最好别给我动他。第二，他是皇上的师弟，皇上能把最高级别的腰牌给他，说明他们的关系不一般，你动了他，看皇上能不能饶过你?第三，他是孙承宗的人，孙承宗手里有十几万军队，你动了他，孙承宗一根手指就能把你灭了，你信不信?"

魏忠贤不说话了。但权倾朝野的他心里一百个不服气："我就不信那个羊上树!"

这天晚上，鹿善继走进紫禁城，想去见皇上，求他解救杨涟、左光斗、魏大中几人，紫禁城里除了几盏灯烛以外，到处一片昏暗，他心里感叹着，白天那么雄伟壮观、金碧辉煌的紫禁城，到了晚上，却是一片昏暗，藏污纳垢，龌龊不堪。他走着，想着，感叹着，忽然，后面悄无声息地走近一个人影，举起刀，向他砍下来——

只听"扑通"一声，鹿善继回头一看，一个人倒在地上，旁边扔着一把刀。

一个人影嗖地轻轻落到宫墙上，轻声示警："快走!"

鹿善继说："恩人是谁?请留下姓名。"

"影子。"一眨眼，不见了。

稍后，远处一间偏殿内，透出昏黄的灯光，传出轻声对话："杀了？"

"杀了。"

"螳螂捕蝉，黄雀在后。尸体处理了没有？"

"没有，警示他们一下吧。"

"也好。"

"殿下为何如此看重此人？"

"此人学识渊博，有勇有谋，将来必将成为我的左膀右臂，最低还能教我儿子读书。"

"何不现在召他进来？"

"他在辽东，我不能拆孙阁老的台，等我登基以后再说吧。"

以后，鹿善继凭借这块腰牌，带着史可法探望过他的老师左光斗，带着魏学洢探望过他的父亲魏大中，也带着左光明探望过他的哥哥左光斗。他和魏学洢、左光明出了东厂监狱，担心他们在京城的安全，就把他们带回了西江村。

第三十七章　慷慨悲歌

车进定兴县，近乡情更怯。自从追随孙承宗去了辽左军中，鹿善继已经四年没有回西江村了。过了白沟河不远，拐入向东去的大道，然后走到北海亭，一种久别重逢的情绪油然而生。在他的眼里，院里老柳树长大了，院子小了，就连北海亭前面的北海，也成了一汪池水。他知道，常年与大海为伴，经常出入紫禁城，眼界宽了，心胸大了，北海亭自然就小了，这只是一种主观的印象而已。

正要下车，忽然魏学洢吟诵道：

赴难趋燕市，潜身向范阳。日斜怀剧孟，风古遘羲皇。
跂德投村坞，涓心拜草堂。道颜函浑噩，高谊薄穹苍。
直谅中无滓，端凝动有坊。格言遵矩矱，朴性爱农桑。
俊杰尊冰鉴，乡人敬彦方。典刑黄发备，硕望白眉良。
晔煜精神湛，绵延福祉昌。……

轿车进了北海亭，车把式把车停下来，魏学洢才从吟诵的情绪中回过神来，不好意思地笑了一声，随鹿善继下了车。

鹿善继问："写给太公的?"

魏学洢点点头："还没写完，写完了请你指正。"

此时的北海亭，宛如一个蜂箱，人们进进出出，来去匆匆，一脸肃穆，见鹿善继回来，忙把他迎进屋里，然后又忙各自的事情去了。看来，筹集银两，营救左、魏的事情正在紧锣密鼓地进行着。

客厅里只有孙奇逢在，见到鹿善继和魏学洢、左光明，只说了句："你可回来了。"高大的身影晃动着，显得疲惫不堪。稍后，他从袖子里拿出一封信来递给鹿善继。这是抓魏大中的人还没到，魏大中的长子魏学洢先到吏部文选郎周顺昌家里，周顺昌派人护送魏学洢进京，同时给鹿善继写了这封信。信上说："世事如此，使人百感交集，魏大中如此苦守志节，竟然最终不能免受牵连，他们被抓的时候，当地的读书人和百姓拦在路上呼号哭泣的有几万人。他们家里没有百两银子的产业，士大夫筹集了几百两才能起程上路，人们冤屈愤怒的场景连来抓人的缇骑都被感动。现在他的长公子跟着父亲前去，可是道孤援绝，希望依仗你来庇佑，更寄厚望于孝廉孙奇逢。我认为你们二人一定能帮助魏公子，使他不至于流离失所，使得魏大中能够活着走进乡里，不至于最终形成像汉代、宋代那些贤士的灾祸。希望二位心里明白。写这封信时内心凄惨断肠，不能不期望于你们二位的崇高节义啊。"虽然事情已经发展到如今，营救的事已经展开，但鹿善继读了这封信，心情依然沉重。

沉静了一下情绪，鹿善继问孙奇逢："你没回去讲学？"

孙奇逢叹了一口气："顾不上了，先救人要紧。"

"父亲去哪儿了？"

"太公收到你捎来的信，就联系本县志同道合的亲朋好友筹集银两。一共凑了三百多两。左光斗在任直隶屯田使的时候，对租种十场籽粒地的百姓有恩德，太公还召集百姓，约定凡是十场籽粒地，每亩地捐献一文，就能得到数十万缗。唉，有节义的人没钱，有钱的人没有义气，自古就是这样，现在这个社会如此又有何憾呢？算算还不够，太公又骑着毛驴到附近几个县筹集去了。”

此时，一个人影，骑着一匹瘦驴，头戴个大草帽，顶着骄阳，在天地间踽踽独行……

左光斗是安徽桐城人，被抓以后，走的是东边的一条大道，路过白沟，所以左光斗提前写信给张果中，约孙奇逢见面，孙奇逢按时去了。在旁边坐着的都是缇骑，也就是官差。左光斗举止自如，流着泪对孙奇逢说：“我被抓出门时，八十岁的父母痛苦不堪倒在地上，此情何堪忍受！”孙奇逢对他说：“您是朝廷老臣，即使风雨雷霆，总属于皇帝恩德，需要早早拿定主意。”左光斗又说：“我被抓了，别人大多躲避，你肯来看望我，足见友情深厚，以后大概就没有见面的机会了。”在缇骑一再催促之下，孙奇逢只好告辞，送到门口时，左光斗悄悄对孙奇逢说：“刚才大金吾的公子说，掌权者决定处死杨大洪。大洪死了，我们岂能独生？”孙奇逢说：“这是一件事情，按照道义就是连在一起的。”左光斗又说：“有一个人在患难中相随，麻烦你们找个地方让他休息。”孙奇逢问是谁，左光斗说是他弟弟左光明。于是孙奇逢把左光明带回西江村，和魏学洢住在一起。以后就发生了鹿善继回到京城，遇到魏学洢和左光明，带他们探监的事。

筹集银子的事在有条不紊地进行。学员们也都放了假，回到各自的村子里帮助筹集银两去了。

鹿善继则回到京城里，每天到东厂监狱里和狱卒周旋。有时候也带着魏学洢和左光明进去探望，然后再带着他们回到西江村。

张果中在新城县筹集银子。

太公终于回来了，他风尘仆仆，跑了几个县，脸晒黑了，身上瘦了，衣裳显得褴褛不堪。只有小毛驴撒着欢儿跑到槽头去了。他筹集了一千多两银子。每个县都有人牵头，任丘县的若边、若张父子兄弟，清苑县的贾尔霖，雄县的苏汤宇，安新县的李忠实、陈谔言、李童、梁大用，容城县的崔庚、胡向化、王拱极，新城的张果中、孔心学各自召集志同道合的人，各自捐献几两、几十两不等，数日之内，凑集了一千多两，交给太公带回。算了一下，还不够左、魏之数。太公说："先送到京城去吧，也许能减轻他们的皮肉之苦，所欠之数，容我们再凑。"

孙奇逢说："太公你太累了，先休息吧，七十多岁的人了，连续跑了好几个县，难为你了。"

太公说："左、魏两公和我的儿子平素号称道义之交，现在情况紧急，假如害怕躲避，不仅我为人不齿，我儿何以立在天地之间呢？我曾看到古人用生命殉于道义，不能不赞叹，现在假如事情来临提前回避，实在是有愧于这些须眉男儿。"

银子送到京城，杨涟、左光斗、魏大中等六人已于七月二十六日毙于杖下。

在太公等人为左魏筹集银子的同时，据《明史》记载，当时，杨涟的家乡，在知府李行志、知县夏之彦等的倡议下，四门设柜，捐俸首倡。士民好义者，倾家乐助。更属僧道，遍化吴楚申浙诸省。但最终只筹集了一万余两。

鹿善继强忍着巨大的悲痛，通知了几个人的亲属装殓遗骸，让同来的张果中、王拱极陪同魏学洢护送魏大中的棺椁，他自己则先行回西江村报信，准备路祭。正在鹿善继强忍悲痛为几个好友安排后事的时候，一个东厂诏狱的狱卒乘人不备，交给鹿善继一个纸卷，小声说道："杨涟的血书。"然后使了个眼色，快速走开了。鹿善继会意，把纸卷迅速藏在袖子里。等回到家里，他急不可耐地把血书展开，已经暗红的文字出现在他的眼前："涟今死杖下矣！痴心报主，愚直仇人；久拚七尺，不复挂念。不为张俭逃亡，亦不为杨震仰药，欲以性命归之朝廷，不图妻子一环泣耳。打问之时，枉处赃私，杀人献媚，五日一比，限限严旨。家倾路远，交绝途穷，身非铁石，有命而已。雷霆雨露，莫非天恩，仁义一生，死于诏狱，难言不得死所。何憾于天？何怨于人？惟我身副宪臣，曾受顾命。孔子云：'托孤寄命，临大节而不可夺！'持此一念，终可以见先帝于在天，对二祖十宗与皇天后土、天下万世矣。大笑，大笑，还大笑！刀砍东风，于我何有哉？涟即身无完骨，尸供蛆蚁，原所甘心。但愿国家强固，圣德刚明，海内长享太平之福。此痴愚念头，至死不改。"

他一边看着杨涟的字迹，悲从中来，唏嘘不已。看完以后，他把血书郑重地保存起来，从这份血书上，他看到了一个伟大的背影。

路祭之后，北海亭仍然被悲痛的气氛所笼罩。参与路祭的人们散去之后，北海亭只剩下太公、鹿善继、孙奇逢和张果中，王夫人准备了几个小菜让他们在北海亭的石桌上喝酒，鹿化麟在一旁为他们倒酒。

张果中叹了一口气说："唉，这魏忠贤真是太可恶了，我们忙了一个多月，白忙活了。"

孙奇逢说："不算白忙活，这件事让我们明白了一个道理：道义在民间。参与这件事的人，包括租种籽粒地的人，不下几千人，他们为了什么？道义。咱们定兴县令王永吉，一下子拿出一百两，他说，金银不用在这个时候，就是天地间没用的东西。另外，杨光夔捐了五十两，杜濂、崔庚、范士楫等几个读书人也每人几两，也有三两二两的；太公为了这件事召集亲朋好友，召集读书人，召集租种籽粒地的农民，还跑到周边各县亲自去筹集；张果中的家在白沟，是通衢大道，他和弟弟果正满腔热情地接待受难的各家子弟，不厌其烦，不怕牵连；我的二哥奇遇陪着学洢进京，在烈日酷暑下往返，小弟奇彦为了送银两进京，回来到卢沟桥的时候，遇到河水泛滥，差点绝粮饿死；太公的侄子鹿善言，捐了五两，那银子是卖猪的钱，因为成色不足，还外加了二钱；王拱极是个穷人，为了捐献银两，典当衣物，连带妻子的首饰，一共捐献十两。"

说到这儿，孙奇逢扭头对鹿善继说："你不是还赠给他一副对联吗？"

鹿善继说："是，他的事让我很感动，就即兴写了一副对联给他。'居君子乡从容如入芝兰室；读侠客传慷慨犹存燕赵风'。"

孙奇逢说："所以我说，道义在民间。魏忠贤是肃宁人，崔呈秀是蓟门人，他们高高在上，穷奢极欲，心狠手辣，坏事做绝，哪还有一点燕赵风？只是我们没有想到，他们下手这么快。”

鹿善继说：“善良的人对邪恶的人永远估计不足，因为他们没有底线。”

张果中说：“说得对。”

鹿善继呷了一口酒，说道：“司马迁在《史记·刺客列传》中写道，‘……此其意或成或不成，然其立意皎然，不欺其志，名垂后世，岂妄也哉’。我们虽然没有援救成功，但我们表达了与魏忠贤之流势不两立的精神和气魄。”

张果中说：“我们的做法，魏忠贤肯定知道了，我们以后要多加小心。”

太公的确累了，一直默默地喝酒，这时才说了一句：“既然做了，就不怕!”

孙奇逢说：“我认为江村这片土地，既没有遭受阉党的污秽，也没有受到阉党的摧残，可以说是奇人奇福了。”

鹿善继听了，笑了笑，没有说话。

四个人一直喝到半夜，蛙声都慢慢稀疏了，这才各自休息去了。

此番壮举，被后来流放到西江村的茅元仪称为“范阳三烈士”。

需要向读者说明的是，我在这里记录了一些陌生的人物，这应该算是很突兀的，我这样写，只是想为一句话做个注脚：“燕赵多慷慨悲歌之士。”读者不必记住他们，我写完之后也不一定能记住他们。但我希望历史能记住他们。

太公和孙奇逢、张果中三人都去休息了。鹿善继一时间失去了几个最好的朋友，心绪难平，他想起魏学洢临别时交给他的一首长诗还没来得及细看，就从兜里掏出来，借着微弱的灯光浏览起来，题目是：《上鹿太公一百韵》，这里节选其中的一部分：

……怪事凭空降，吾亲陷世殃。触邪师豸角，构祸起貂珰。

缇骑奔腾出，槛车竭蹷忙。孤身羁犴狴，酷暑困桁杨。
大命危于线，严威灼若汤。九天终禁露，六月决飞霜。
生子庸如犬，穷途状似獐。脚疲空踯躅，眦烂只傍徨。
慈训潜相怵，戎心僭莫量。破巢忧殄灭，广柳速逃藏。
草字模糊半，愁肠次第详。南行情怛怛，北望涕浪浪。
儿已寻安宅，爷谁送水浆。无人与我信，有眼总如盲。
魂荡浑难系，形枯迫欲僵。人生徒缩朒，谠死亦羞惶。
长者深怜悯，高言发慨慷。舆情争忿忿，天道岂茫茫。
共谅身如璧，何愁舌有簧。螯深今且散，氛尽转成祥。
解绊驰骐骥，开笼放凤凰。千年虚射塔，七日莫依墙。
死孝从无济，难贞刻自将。孙嵩忻寓赵，张禄怯逢穰。
迳僻稀行旅，帘开得左厢。拯危情激烈，排患语铿锵。
幕雀人争鄙，池鱼俗屡防。丈夫别有异，长笑谓何妨。
架帙纷纷启，园葵款款尝。暂行呼厩马，重到授衾囊。
见我缠凄楚，更端引悦康。铭恩何可报，拊意不胜怆。
老父娱家巷，先生泛野航。斯言诚获践，小子剧能狂。
浊酒乘新舸，轻帆挂短樯。遍穿薜荔洞，乱舞芰荷裳。
事过惊疑伏，时平志气飏。浩歌摧下里，苦调带秋商。

燕叟英雄概，吴山艳冶妆。哑言共一笑，跪进介眉觞。

鹿善继读罢，心潮更加难以平静，魏大中的音容笑貌，顿时浮现在脑海之中，令他心如刀绞。魏学洢在丧父的巨大悲痛之中，竟然能写出如此充满感情的长诗，把感恩之情表达得淋漓尽致，跃然纸上，可见他的文学素养，他又为学洢感到欣慰。此刻的鹿善继毫无睡意，他找了一把椅子，坐在北海边上，看着西斜的月影，仰头问苍天："老友何在?"

第三十八章　无辱不求荣

鹿善继本想在家休息几天，但失去好友的心绪怎么都平静不下来，同时也为朝廷今后的前途命运担心，他索性收拾行囊，京城也没有回，骑马直奔山海关去了。

鹿善继一进督师府，就感到压抑的气氛充斥府内。人们神色凝重，说话少了，往日的欢声笑语不见了。只有孙承宗依旧是谈笑风生，鹿善继知道，作为一个老臣，喜怒不形于色的功夫还是有的。只有在面对鹿善继一个人的时候，他才会坦露心声。

鹿善继向孙承宗报告了杨涟等人被害的情况。孙承宗没说什么，只是重重地叹了一口气，然后说道："他们搞掉了杨涟、左光斗等人以后，接着就要对辽东下手了，这些日子，简将、汰兵、清饷的声音一直喋喋不休，折子一个接着一个地上，要不是皇上一直没有松口，辽东早就支撑不住了。但是军饷在他们手里，到现在，已经两个月没有调拨军饷了，弄得军心浮动，军情堪忧。一旦催促，他们一句话：'国库没钱，容后补发。'就打发了。本来，为了应对他们'简汰'的鼓噪，我们也采取了一些措施，罢免了大将世钦、世禄，副将李秉诚、孙谏，汰军一万七千多人，节省度支六十八万。可人家的目标不在于此，他们是要搞垮辽东……”

鹿善继气愤地说：“实在不行，我们就去清君侧。”

孙承宗毕竟是文人出身，没有那么大魄力。这和他的出身、经历有关，他出来游学以后，一直当家庭教师，考中进士进入朝廷以后，教太子读书，也还是家庭教师，只是在大同当家庭教师的时候，接触到了军中将士，掌握了一些军事知识，才有了机会担任兵部尚书，督师辽东。让他在朝廷去干大破大立的事情，他想都没有想过。听了鹿善继的话，他摇摇头说：“我们没有汉朝霍光那样操纵废立的大权，那帮人圣眷正隆，万一皇上站在他们一边，怎么办？皇上毕竟是我的学生，我还不想和他撕破脸。如果行动失败，我们会给后世留下骂名。大明朝的国祚已经被阉党败坏得差不多了，即使我们成功了，朝廷里的大臣被他们罢的罢了，杀的杀了，谁还能帮我们辅佐皇上？国运如此，积重难返，顺其自然吧。”

鹿善继轻轻叹了一口气，在老师面前，话也只能到此为止了。

和孙承宗谈话之后，鹿善继的心情更加沉重，他感到了辽东事态的严重，他忧心忡忡地写了一封信给兵垣：“年来摇乱边事者，腾虚冒之谤以行减兵之说。噫嘻！十万之师果可减哉？二三年前事，历历可想，今受其成而迷其故，日云减兵，所当减者何兵？累岁之蒐罗，奚足供一日之清汰，特恐兵从此少，事从此多尔。事到无及，而减兵者之肉，犹足食否？辽之必宜恢复，非直原有之封疆不可委敌，无辽则不能有蓟，遂迫于京畿也。今日持论者，一曰慎重，一曰简汰。夫进取则当慎重，振刷则当简汰，而出于今，则慎重非为进取，简汰非为振刷，总以巧行其阻恢复之计。夫百计而鼓之进，不能当一言之退也。三年而集此众，不能供一日之縻也。不征不战，去将去兵，垂成之绪既废，前日之祸复作，辽广溃时都门光景犹能记忆否？身在事外之朝士，以隔壁之猜，而索边人之情；心在事外之边人，以一面之词，而迎朝士之意。索边人之情者，遂持边情以为朝论；迎朝士之意者，因藉朝论以撼边情。暗刺明讥，此呼彼应，协心力以摇当事者，而榆关之本色尽掩，此可为流涕者也。故恢复为必然之画，其要在省议论。议论不省，事权不一，虑宋之祸复中于今也。”

写完之后，他又检查了一遍，深深地呼出一口浊气，也没让师相看，就发出去了。他的心情也稍微轻松了一点儿。他知道人微言轻，他的话在汹涌的简汰大潮中激不起一朵浪花来，唉，权当一次发泄吧。

此后的日子，议论者还在喋喋不休。

孙承宗还在坚守辽东。

到了九月，发生了柳河之败，阉党终于找到了一个实质性的借口，他们群起而攻之。这一次，连皇上也不好为孙承宗说话了。

事情的起因是一个叫刘伯镪的秀才，被迫投降了后金，但他身在曹营心在汉，仍然心系明朝，这天他偷偷跑回明军军营，告诉明军的头目说，后金的四王子皇太极驻扎在耀州，身边只有三百人。耀州在今天的海城市境内。他请明军偷袭耀州，到时候，耀州的辽民一定会结竿响应，皇太极和他的士兵将插翅难逃。于是，辽东总兵马世龙派遣副总兵鲁之甲、参将李承先率领八百人先行，并命令觉华岛游击金冠派船支援，帮明军渡河。鲁之甲八月二十一日于右屯出发汇合锦州驻防前锋营参将李承先的部队，明军八月二十五日到达三岔河，没想到金冠的水师船只没能按时到达，明军只能用六七只小船渡河，每次只能装七八人，鲁之甲、李承先四天时间只渡过了 395 名士兵，这天，马世龙到达三岔河柳河口，令 400 名官兵过河接应，八月二十八日，鲁之甲、李承先又调来 800 名火器手过河，这样，明军参战官兵已经将近 1700 人。

而这 800 名火器手过河时，之前过河的明军已经开始了对耀州城的攻击，结果就像《两朝从信录》记载的那样："兵至城下，寂无一人，城上鼓掌大笑，阴面伏兵尽起，我师奔逃，无敢恋战，杀戮糅践，枕藉于途，死即堪怜，生亦掬指。"后金军一直冲到三岔河，又把 800 名火器手击溃，李承先用火枪打死了几名后金军的敌人，因为深陷漏水之中，被后金军砍伤，身后又中了一枪，重伤而死，鲁之甲受伤投水而死。

战斗结束，明军损失了一半以上的士兵，战马 670 匹，还有大量的盔甲、武器。

柳河之败的消息传到朝廷以后，阉党的人欢呼雀跃，他们终于找到了一个对孙承宗捅刀子的借口，奏章铺天盖地飞到魏忠贤那里。不过，他们也很讲究策略：攻击马世龙，捎带孙承宗。因为他们知道，他们扳不倒孙承宗。

魏忠贤抱着一大摞奏折来见皇上，问皇上这事怎么处理。此举就有点儿逼宫的意思了。不过魏公公不在乎，因为事出有因，败绩摆在那儿，皇上再怎么维护孙承宗，也抹不掉柳河之败的事实。

这事儿，朱由校真的为难了。过了一会儿，他说："胜败乃兵家常事，我们总不能因为一次失败而惩罚一个辽东经略吧？如果那样的话，王化贞应该死一百次了。”

魏忠贤说：“皇上说应该怎么处理？马世龙指挥失误，孙阁老也脱不了干系，如果朝廷一点表示也没有，我没法堵住众位大臣的嘴。”

朱由校看了魏忠贤一眼，看来他是不达目的誓不罢休，于是他说：“这样吧，孙阁老身体不好，已经多次请求离职养病，那就如他所愿吧。辽东经略一职由谁接替？”

魏忠贤本来也没想处分孙承宗，他不敢。只要孙承宗不执掌兵权，去了他的心头之患，也就达到目的了，见皇上动问，他说出早已安排好的人选：“由兵部侍郎高第代替怎么样？”

“可以。”朱由校说，“孙阁老经略辽东四年，京师安然，百姓安居，居功甚伟，这一离职，朝廷总要给点儿荣誉职衔吧？”

魏忠贤的目的已经达到，至于其他事情，他无可无不可，也不再争了：“这个，由皇上定夺吧。以前已经加过左柱国、少师、太子太师、中极殿大学士。”

“那么，这次加特进光禄大夫，荫子中书舍人，赐蟒服、银币，行人护归。可以了吧？”

“好，既然皇上定了，我去执行吧。”

“还有，不能伤害孙阁老，如果他有个三长两短，朕唯你是问。还有那个鹿善继。”朱由校说：“派人去辽东，征求一下阁老的意见。”

“好。”最后，两人达成一致：柳河之败，不再追究。

魏忠贤怕孙承宗那里出现意外，并没有派人到山海关征求孙承宗的意见，而是让他手下的人拟了一道圣旨，第二天就让高第带着朝廷赏赐的东西到辽东上任去了。

孙承宗接待了高第之后，就一直沉默，沉默。晚饭以后，他叫上鹿善继，说："出去走走。"

十月的山海关，已经很冷了，风很大，月亮还没有爬上来。鹿善继为他拿了件大衣，就随他一起出门了。

他们默默地来到老龙头，在城墙上坐下，鹿善继把大衣给他披上。孙承宗坐了一会儿，从袖子里掏出高第带来的圣旨，一片片，一缕缕，慢慢地撕掉，一点点扔进大海，那些碎片瞬间被海水冲走了。鹿善继也不拦他，看来，他对朝廷彻底失望了。

月亮升起来了。风更大了，浪更高了。借着月光可以看到海浪"哗哗"地不知疲倦地冲击着老龙头，直到月影西斜，两人才从老龙头上下来。风，还在刮，海浪还在不知疲倦地拍打着海岸。忽然，"轰隆"一声巨响，他们回头一看，老龙头不见了，这万里长城的起点，被疯狂的海浪冲垮了，坍塌了。破碎的砖石，任由海水冲刷着……

为了陪同鹿善继，孙承宗绕道定兴，过了白沟河以后不远，鹿善继下了车，孙承宗只给他留下了一句话："赶快把《四书说约》的讲稿写完，全部让我看一下。这是不可多得的东西，是真学问，其他都是浮云。"

"师相，我记下了。"

鹿善继目送着渐行渐远的轿车，眼里飘起一阵浓雾，几行诗句爬上他的心头，他在心里默默吟诵道：

瘦影秋风里，行藏漫自凭。

见从军国起，功愿众人成。

感事空肝胆，论交旧姓名。

江村三径在，无辱不求荣。

第三十九章　孙承宗“阴魂不散”

孙承宗走了。

努尔哈赤笑了。

他一直都知道孙承宗的厉害。孙承宗修复宁远，恢复锦州，以及修建松山、杏山、右屯、塔山、大凌河、小凌河据点，建设觉华岛等措施，可见孙承宗防守之严密，十二车营的厉害，他的军队也曾尝试过了。所以这几年，他眼看着孙承宗的布局，干着急，没办法，只能龟缩在沈阳，没敢越过大凌河一步。

如今孙承宗走了，来了个高第。高第何许人也？依仗阉党的势力，当过一年兵部侍郎，是个连魏公公都看不上眼的人，也正因为他是阉党的人，才被魏忠贤拎了出来，勉为其难地来到山海关，经略辽东。

高经略本来胆子就很小，让他防守四百里辽西走廊，而且前面还有虎视眈眈的努尔哈赤，随时都会带着他的后金铁骑，冷不防过来抢他一票，借给他一个胆子也不会像孙承宗那样泰然。于是，他决定撤回关外的所有兵力，固守山海关。这样一来，他的危险系数就小多了。无缘无故地改变辽东的防御现状是说不过理去的，高经略能力不大，但不缺坏心眼儿，他给皇上写了一道奏疏，弹劾孙承宗，说孙承宗吃空饷。辽东的军队本来有十几万人，可他说他数下来只有五万人。

孙承宗虽说是回家了，但和他的学生一直没断联系，听了高第的指控，他只是呵呵一笑：“好吧，以后的军饷就按五万人发放就好了。”

高第搬起石头砸了自己的脚。

情急之下，他还是下令撤回关外所有的军队、平民、物资、粮食。

袁崇焕违抗军令，不撤。他坚持孙承宗的策略：先防守，后进攻。决心一人独守孤城。

赵率教固守前屯，也没撤。

高第的撤军给努尔哈赤壮了胆子。天启六年正月，刚刚过完年的努尔哈赤开始祭旗出征，他先是顺利地接收了高经略送给他的大大小小的据点，如入无人之境。二十三日，他来到了宁远。他还不知道宁远城是谁在防守，就趾高气扬地写了封信，命令他们投降，可城里的人理都没理他，他看到的只有城垛上的弓箭和城墙上的大炮，一副一较高下的阵势。

小小的宁远城，竟敢蔑视他努尔哈赤！找死吗？

三月二十四日清晨，努尔哈赤发动攻击了。那时候攻城，无非就是前锋推着木制的推车，车上覆盖着蘸了水的棉被、牛皮、马皮等以防城上的箭矢射穿。车后是弓箭手，专管向城头上射箭，主要是压制城头上的弓箭，掩护后面的云梯，使之能够靠到城墙上，后面的士兵顺着云梯爬上城墙，如果能够爬上城头，杀死城墙上的守敌，然后扩大战果，打开城门，城外的士兵一涌而入，就算是胜利了。

努尔哈赤信心满满。曾经在萨尔浒战役中消灭十二万明军，曾经不费一兵一卒把王化贞赶跑的后金铁骑，一座宁远孤城是不够打的。

可他万万没有想到，他遇到的是袁崇焕，是继承了孙承宗衣钵的袁崇焕。这样，他先验的经验就不灵了。他的云梯还没有靠上去，城墙上的石头就密集地砸下来，他的士兵根本没法靠近城墙。城墙上的红夷大炮怒吼了，就像过年的礼花，绚丽地绽放，绽放一次，地上倒下一片尸体，礼花一次次地绽放，士兵一片片地倒下，把努尔哈赤的火气逗上来了，他挥舞着战刀，两眼赤红，大喊："上，给我上！"

眼看西城攻不下来，他又命令士兵转攻南城。实践证明，南城更惨。前面我们曾经说过，宁远的瓮城是建筑在城门外面的，这样，大炮的轰炸就没有死角，更直接，杀伤力更强，不一会儿，尸骨堆成了小山，甚至影响了进攻。努尔哈赤只好命令士兵把尸体抢回来去焚烧，焚烧一批，再进攻，再焚烧，再进攻，直至天黑，也没有一个士兵攻上城头。

防守的战士中，袁崇焕的身影一直都在，只是他的手受伤了，这并不妨碍他指挥战斗，包扎了一下，仍然在城墙上指挥。

天黑了，努尔哈赤继续攻城，他们打着火把，顽强地进攻，直至夜深人静。

第二天，攻城还在继续。云梯还在往城墙上靠。只是，没有上去一个人；只是，城下的尸体越来越多。

突然，一发炮火击中了一顶帐篷，造成了一阵混乱。然后，后金军的攻势更加猛烈了。然后，就没有然后了，敌人撤退了。

受伤的人是努尔哈赤。主帅受伤了，这仗没法打下去了。

此刻，他躺在车上，回想自己自二十五岁起事以来，从无败绩，今天，竟然败给了一个名不见经传的人手上，这个人是孙承宗的爱将，或者说是他的学生。他长叹一声："唉，孙承宗阴魂不散哪！"

直到这时，袁崇焕才意识到，他创造了一个奇迹！他哈哈一笑："女真铁骑，不过尔尔！"

捷报传来，朝廷里欢腾起来。这是一个前所未有的胜利。于是，朝廷给了袁崇焕一个都察院右佥都御史，不久又加了个辽东巡抚，后来，又给了他一个兵部右侍郎，副部级。

最尴尬的是高第，灰溜溜地卷铺盖走人了。

七八个月以后，努尔哈赤死了。我们也要和这位老朋友说"拜拜"了。

天启七年五月六日，继位不久的皇太极率六万大军分三路向南进发，这一次，他的目标是锦州。五月十一日，后金三路骑兵到达锦州，六万军队把锦州围得水泄不通。

锦州的守将是赵率教。

面对城外黑压压的后金军队，赵率教心里有点儿虚。能不能守得住，他心里没底。毕竟人家六万人，而锦州城里只有不到两万人。于是，他采取了另一种打法：忽悠。你写信劝降，我不理你；次数多了，我在城头上吼你一嗓子；你要谈判，好啊，你的人来了，我不开门，再来，还是让你吃闭门羹；估计你烦了，我主动去找你。

反正就是耍着你玩儿。为什么？赵率教在等援兵。他相信，只要袁崇焕知道锦州被围，肯定会派兵救援。

其实，袁崇焕是派了援军的。他派满桂率一万多关宁铁骑驰援锦州，在锦州外围碰上了后金的小股巡逻部队，双方打了一架，然后就回了各自的大本营。

到了五月十七日，忽悠不灵了，皇太极开始攻城。这次攻城是努尔哈赤攻城的复制版，皇太极没有一点儿胜算，我们也就不再多费口舌了。攻了十天，皇太极除了损失几千士兵之外，毫无进展，只好撤退。然而，皇太极没有撤回沈阳，锦州没有攻下来，他要找回面子，留下两万人留守锦州城外，带着四万人转攻宁远，拿下宁远，锦州就成了一座孤城，随时都可以收入囊中。

令他没有想到的是，他一到宁远，就看到袁崇焕不在城内防守，竟然在城外排兵布阵，这次迎接皇太极的是关宁铁骑，是一支全部由辽人组成的骑兵，他们的家在辽东，脚下的土地是他们自己的，他们打仗是真正意义上的保家卫国，所以这是一支特别能战斗的军队。以辽人守辽土，还是孙承宗的“阴魂”。

战斗打响，双方全力厮杀，打得天昏地暗，这时候，城头的大炮发言了，专打后金军的后路，皇太极损失惨重，但仍然顽强进攻，他豁出去了！直到一个如晴天霹雳的消息传来：锦州留守部队被赵率教袭击，伤亡很大。皇太极长长地叹了一口气：撤退！

袁崇焕又创造了一个奇迹：宁锦大捷！

宁锦大捷的消息传到朝廷，皇上高兴，大臣高兴，又引起了一次欢腾。但在这又一次地欢腾之中，出现了一个不和谐的声音：袁崇焕在宁锦战役中，没有派兵援助锦州。一时间“谤书盈箧，毁言日至”。

袁崇焕一看风向不对，赶忙以患病为由，提出辞职。

第四十章　突破王阳明

鹿善继坐在北海亭的书房里，苦苦思索着如何回复吏部的公文。

从辽东回来已经五个多月了。心却依然留在辽东。虽然学员大都回来听课了，但他的心静不下来，讲课仍由太公承担，他只从旁给学员答疑解惑。更多的时候是给同事好友写信或者回信。

他在答张孟均书中说："十年之别，忽接手教，中外矛盾，渐不可长。一句话已说透事情。督师公不得行其志，一年余矣，而又不得不去，正苦维谷，乃以哨将被陷之故，成其去，弟相率归田矣。感年兄爱我，怜我，教我，今幸不辱命。所可恨者，从此恢复两字无人出口，此忠臣义士负戟而长叹也。"

他在给赵明吾的信中所说："师相自不趋朝，不佞亦必不回部，点简书剑，相率归田耳。三年来事体之曲折，人情之苦乐，何堪回首。本期从麾下渡河而东，遂痛饮黄龙之愿，事乃至此，今虽从师相归田，梦魂犹日绕黑水白山，与前部将军相周旋也。所手额而祝者，代师相之人，果肯不改师相之臣，与师相之政，使河东终归版图，则不佞与师相虽归犹未归也。"

虽然书信往来偶解心中寂寞，填补心中空虚，但文字之中难免诉说往事，又是扰乱情怀，所以他仍旧心绪不佳。

这是吏部的第三道公文了。前两次都是请兵部代题，也就是请假。这一次是三月二十一日的公文，而且这次升他为武运司郎中，正三品。他曾派鹿化麟到高阳去征求孙承宗的意见，孙承宗回答得很干脆：不去！他曾立誓，师相不趋朝，他必不回部。他不是个追求名位的人，只愿意做学问。而且朝廷里如今上上下下都是阉党的人，正直的大臣被他们杀的杀了，罢的罢了，跟那些人怎么共事？但怎么回复，他颇费了一番思量。所以迁延了一个多月，也没有提笔，再不回复，也说不过去了，于是他略一思考，还是以疾病为由吧。

他写道："……四年戎马，原非避难之人；百病侵寻，岂作无情之语。药里日以栖身，何堪问职掌；蹒跚不能出户，何以趋朝参事？况武运称繁剧之司，事既非病驱所能任，而郎中非虚悬之缺，病更因旷职而倍增。此情此事，想大智之所必察，至仁之所必怜也。恳乞台臺悯念，俯赐代题，使职得一意调养，则身以去官而称轻，病以安养而获愈，残喘可延，皆出再造。"

写完以后，又看了一遍，长长地舒了一口气，起身往院子里走去。一出门，他看见鹿化麟一个人坐在亭子下面的石桌上，正在翻看他的讲稿。他停下脚步，欣赏地看着儿子。儿子已经三十出头，出落得玉树临风，是他年轻时候的翻版，用老乡的一句俗话说是"给他脱了个影来"。儿子很有天赋，一直跟在他身边学习，前几年乡试高中解元。只是这几年他在辽东，无暇顾及儿子了，只得让他在家跟着爷爷学习，每年还要几次去山海关取他的讲稿。来回八百里路，要好几天时间。至于功名，他现在不想让儿子参加会试，按儿子的根底，考个进士应该不是问题，但朝廷如今被阉党弄得乌烟瘴气，投靠阉党，是绝对不可能的，不投靠阉党，在朝廷如何安身立命？这一直是他的一块心病。看着儿子专心致志地学习，欣赏之余，无形中又有了一丝愧疚。于是他迈步朝亭子走去。

走到石桌前，他问："碰到问题了？"

鹿化麟听见他说话，抬起头来，笑了笑说："是，这反约一词，一直想不明白。"

鹿善继说："这简单。反约，有两个基本点，一是反求之心，一是身实践之。从理论上讲，我在《引言》里已经讲得很清楚了：'夫读圣贤书而不反求之心，延平所比之于玩物丧志者，可汗人背也。既云反求之心，而一切着落不以身实践之，徒以天倪之顿见虚为承当，阳明所称将本体只作一番光景玩弄者，更可汗人背也。故反约之道无它，于圣贤之言随其所指，居上为下，在邦在家，利害生死，辞受去就，无不提本来之心，按当下之身，一一质对。'

"从实践来讲，如涉水者，不下水怎知深浅？如饮水者，不喝水怎知冷暖？饮食之美，必亲饮食而后知美，只靠想象，即使就在眼前，亦是镜花水月。再说明白一点，就是用实践来检验我们想的对还是不对。虽然说'万法固从心生'，但认知心性则离不开实践。

"另外，磨炼心性也离不开实践。我常说，'在世界上讨着落'，'习动中练性'。我还说过：'除了接人处世何处讨本性着落？除了戒惧内省何处讨复性工夫？事物是心性的着落，必须在事物上认识心性，磨炼心性。如看晋帖，一笔一画，来去轻重，都有道理，拿起笔来，偏偏不听使唤，这就不是自得，若使笔随心，须日日临它。’怎么样，明白了吗?”

“明白是明白了，但这种说法不是跟阳明先生所说的‘吾性自足，不假外求’相矛盾了吗？或者说突破了阳明先生的论点了吗?”

鹿化麟这样提问，倒使得鹿善继始料未及，他一方面欣喜鹿化麟敢于向理论思想深处开掘，另一方面，他从未想过要突破王阳明的思想。

“这，恐怕不能算是突破吧。涉水、喝水、饮食都是要从心出发吧。”

“哈哈，这个问题问得好，问到点子上了。你的观点是对的，不涉水怎知深浅？不喝水怎知冷暖？不亲尝怎知美味？突破就是突破，任何理论、思想都要发展，阳明先生的学说也要发展，突破就是发展。”孙奇逢的话忽然在耳边响起。父子俩抬头看时，孙奇逢已经摇着那高大的身躯，摇上了亭子的台阶。

鹿善继问道：“你什么时候回来的?”

“半年了，你朝廷也不回，连封信也不写，一直窝在北海亭，我怕你憋出病来，就跑回来看看你。”

鹿善继想和孙奇逢说说话，就问鹿化麟：“还有问题吗?”

“有。”鹿化麟一时从自己的思维里跳不出来，没有顾及鹿善继的想法，“这‘因而行之’还想不清楚。”

鹿善继只好用眼角示意孙奇逢坐下，然后回答儿子的提问：“这要从两个方面来说，一方面，做事首先要有义理根据，要有使物得其所的目的，另一方面，还必须善于发现和利用物的特点，把握事物之间的相互牵连作用的机括。这机括就是规律。事固贵有义理，而尤贵有机括。

比方说大禹治水，这是天下第一等难做的事，不知费了多少算计，多少作为，最后禹找到了水往低处流这个机括，也就是规律，加以疏导，才顺利引流入海。因而行之是对事物客观规律性的一种认识。”

鹿化麟点点头：“好了，明白了。”

鹿善继笑着站起身来，孙奇逢摸摸鹿化麟的脑袋，两人朝书房走去。孙奇逢的话还萦绕在他的脑子里，这些年，他崇尚王阳明，学习王阳明，传播王阳明的思想，以王阳明的门人自居，却从未想过要发展王阳明的理论，这是始料未及的事，他还要好好地思索一番。

第四十一章　周顺昌罹难

天启六年，阳春三月，花红柳绿，正是江南好时节。一个中年男人，浑身滚圆，穿一袭长袍，手拿折扇，款款走下枫桥，向不远处的寒山寺走去。一看到“浑身滚圆”几个字，你大概就会想到，这一定是我们的老朋友，原吏部文选员外郎周顺昌，正是。他的家就在江苏吴县，亦即现在的苏州。上有天堂，下有苏杭，生的地方不错，自幼读书，万历四十一年考中进士，先任福州推官，后擢吏部稽勋主事，天启年间，升文选员外郎。如果没有意外，他应该是官运亨通，会按部就班地一步一步爬上去。但因为他性格刚方贞介，疾恶如仇，正逢朝廷里魏忠贤专擅朝政，于是就注定了他命途多舛，两年前和杨涟、左光斗、魏大中等人一起，被赶出了朝廷。虽然削职为民，家境又较为贫困，但他仍不失文人风度，每天一袭长衫，不是虎丘、拙政园、留园、寒山寺……到处游荡，就是在家吟诗作画，再不就是教儿子读书。他还爱管闲事，《明史》说“顺昌好为德于乡，有冤抑及郡中大利害，辄为所司陈说，以故士民德顺昌甚”。倒也收获了一个好人缘。

杨、左、魏被害以后，他怒发冲冠，大骂阉党。今天是清明节，他给几位冤魂在路上烧了一些纸钱，心情不好，他就想到枫桥、寒山寺一路来消磨时光。

来到寒山寺，首先映入眼帘的是唐朝诗人张继的塑像，和那首脍炙人口的《枫桥夜泊》，他随口吟诵了一遍，心想，与其入朝为官，还不如专攻诗画，像张继那样千古留名。前些日子，他去了一趟嘉善，见到了故友魏大中的儿子魏学洢，学洢已绝意仕途，专门著书立说，倒退二十年，他也会选择这条道路。此一去，他看了魏学洢的散文《核舟记》写得很传神，令他爱不释手。

正在他思绪纷然之时，巡抚毛一鹭派人找到了他。告诉他，东厂来人，要把他带回京师，三天以后出发。周顺昌凛然一笑："知道了，我就等这一天了。"

去年魏大中被捕时，他强留魏大中三天，还结为儿女亲家，而且大骂魏忠贤，魏忠贤不可能不知道。以魏忠贤睚眦必报的性格，他知道不可能放过他，早晚会有这一天。

周顺昌将要被捕的消息很快传遍了吴县，要走的这一天，老百姓愤怒了，数万人从四面八方涌进城里，他们要为周顺昌乞命，不允许带走周顺昌。有几个读书人去谒见巡抚毛一鹭和巡按御史徐吉，想用请愿的方式，请他们转达民意，可他们不知道，在权力面前，百姓永远是弱者，更何况是几个手无缚鸡之力的书生？百无一用是书生。

果然，旗尉视百姓如无物，他们大骂道："东厂逮人，鼠辈敢尔？"

一两个百姓他们可以视如无物，但数万个百姓的力量汇集起来，那是可以天翻地覆的。听了旗尉的话，百姓喊道："我们原以为是天子之命，原来是东厂啊！"于是"蜂拥大呼，势如山崩，旗尉东西窜，众纵横殴击”，最终打死了一个旗尉，其他的都负了重伤，跳墙逃跑了。

毛一鹭和许吉吓得不敢出头说话。知府寇慎、知县陈文瑞素得民心，站出来向众人解释，百姓这才散了。这时周顺昌才来到知县衙门，会见知县。三天以后，随旗尉逶迤向京城进发。跟随他一起赴京的只有长子周茂兰和至友朱完天。

这次被捕的共有七个人：除了周顺昌以外，还有都察院左都御史高攀龙，御使李应升、周宗建、黄尊素，翰林院谕德缪昌期，应天巡抚周启元。高攀龙被抓之前自杀了，黄尊素当时没有被抓，但他被气节驱使，自己把自己送进了监狱，也被折磨致死。这就是史称“后七君子”。

这天，鹿善继正在北海边上的柳荫下钓鱼，一个人风尘仆仆地赶来，寻找鹿善继。鹿善继问道：“你是……？”

来人说：“我从吴县来。”

鹿善继心里一沉：“莫非景文出事了？”

“正是。他被东厂的旗尉抓了，正在前往京城，我提前一步赶来通知你。我是他的好友朱完天。”

“现在人在哪儿？”

朱完天指了指西边大道的方向。

鹿善继听了，脑袋里“轰”的一声。他扔下鱼竿，身体晃了几下才站起来：“走。”

两人走出西江村不远，就看见一行人朝村边走来。鹿善继心里很不是滋味。走近了，见周顺昌气色还不错，见到鹿善继，开玩笑地说：“本来不想惊动你，可是不见你最后一面，又于心不忍。哈哈，这不，还是来了。”

听了周顺昌的话，鹿善继费了好大的劲，才把眼泪忍住。带着他们向北海亭走去。

在地里干活儿的太公远远地看见他们，也放下农活儿，尾随他们回家了。

鹿善继留他们在北海亭住了一晚，旗尉知道鹿善继和皇上的关系，也没敢提出异议。

晚上，鹿善继和周顺昌同榻而眠，他们回忆了同朝为官的种种往事，就是闭口不谈以后。天亮了，周顺昌告诉鹿善继，本来带着儿子一起来的，想把儿子托付给鹿善继，请他扶养教育，但发生了殴杀旗尉的事，怕儿子受到牵连，半路上又让他回去了。

太公知道周顺昌家庭并不富裕，拿出几百两银子交给他，周顺昌也没推辞。太公又拿出一封银子给旗尉，希望他们路上好好照顾周顺昌。

送到大路上，两位好友再也忍不住了，他们抱头痛哭，因为他们知道，这是最后的诀别了。最后，还是周顺昌擦了擦眼泪，说道："好了，雷霆雨露，均是圣恩，只应欢喜顺受。走了。"说罢，头也不回，扬长而去。

周顺昌到了东厂的诏狱，自然不会有好果子吃。照例是由许显纯来发泄他的残忍。周顺昌则对魏忠贤骂不绝口，气得许显纯打掉了他的牙齿，他把混着血水的牙齿喷吐在许显纯的脸上，仍然大骂不绝。最后，于天启六年六月十七日，惨死于狱中。

又失去了一位最好的朋友，鹿善继终日以泪洗面，虽然他知道此一别会阴阳两隔，但消息传来，他仍然悲痛不已。他只有每天翻看周顺昌十一年以前送给他的一把折扇，上面题有两首诗，他就每天抄写那两首诗，借以缓解心中的哀痛。

一

一别都门岁岁更，天南天北不胜情。
秦关戎马闻时急，闽海风涛见欲惊。
意气独留三尺剑，梦魂常到百楼城。
浮名显晦非吾事，何日重申松柏盟。

二

相思盈抱向谁开，回首衡阳雁不来。
三十功名淹海国，百年心事吊荒台。
壮怀自觉愁中尽，薄鬓偏从病里催。
世路行藏须努力，月明北望转徘徊。

每天躲在书房里抄啊，抄啊，写了烧，烧了再写，但悲愤却是抽刀断水。

唉，让时间慢慢地消磨他的悲哀吧。

值得一提的是，周顺昌被带走以后，毛一鹭便开始报复那些“倡乱”者，他抓住了颜佩韦、马杰、沈扬、杨念如、周文元五人，也有人说他们是自首的，五人骄傲地引颈受戮，他们自豪为保护周顺昌献出生命。他们死后，人们把他们合葬在一起，墓前立了石碑。有一个叫张溥的文人写了一篇《五人墓碑记》，这篇文章曾收入现代的中学课本，滋养过千千万万个当代青年。

第四十二章　再度出山

经过两年多的调理，鹿善继的病好得差不多了。在这期间，朱由校于天启七年八月二十二日驾崩于乾清宫，只活了二十三岁。因为有一个师兄弟的名分，鹿善继想回朝廷参加祭奠，他去高阳和孙承宗商量，孙承宗说："按照情理我们应该去祭奠一番，但现在魏忠贤权势正盛，我们去了，不仅给他添堵，也许会让他找到对我们下手的由头，咱们还是不要露面了，在家里遥祭一下吧。"于是，两个人都没有回京城，只在家祭奠了一番。

鹿善继可以给学员们讲课了。秋收已经过完，家里有地的学员也都回归课堂，一百多个学员挤在客厅里，足以把客厅挤得满满的了。

这天，他正在讲《论语·阳货》："鄙夫最能容悦，君以为善事君者唯此人，哪知他不是为君，只是为保名位，哄得主上喜悦，就是他自为处，未得患得，既得患失，心肠尽于此。……极贪的是心，极低的是品，极巧的是术，极毒的是手。把君的事直坏到不可言处。人君莫谓此人善事我也。……"下面他正要讲魏忠贤祸乱朝纲的事。

刚到这里，还没有讲解，又是一辆辇车驰进北海亭的院子。学员们看着新鲜，伸着脖子张望，鹿善继心里扑通一声，又出什么事了？难道天启仙逝，魏公公见自己没有人保护，又要为难我了？可要抓他也用不着辇车呀。

他走出客厅，见车上跳下一个人来，身材修长，动作利落，长相俊朗，见到鹿善继，躬身施礼："见过尚宝寺卿，皇上命我来接大人还朝。"

"尚宝寺卿？"

来人还没回答，辇车后面又跳下一个人来，鹿善继一看是户部的同事杨嗣昌，高兴地喊道："文弱，你来啦？你不是几年前就回家养病去了吗？"

"皇上三令五申，我也是最近几天才回来的。你也是，三次诏书，信都不回。皇上知道你身体不太好，特地把你安排在尚宝寺，地位不低，是个闲职，便于养病。"

两人几年不见，满肚子的话要说，但鹿善继怕冷落了客人，扭头问道："这位是？"

来人扑哧一笑："皇上御前侍卫——影子。我们见过面的。"

鹿善继想起锦衣卫诏狱之外，那月黑风高的夜晚，赶忙见礼："感谢上次救命之恩。"

影子一笑："些许小事，不劳挂齿。那都是信王安排的。"——朱由检在登基之前受封信王。

太公听见车声，也从屋子里走出来。鹿善继引见过之后，由太公去客厅里继续讲课，鹿善继则带着客人走进书房。

佣人倒上茶来，出去了。

杨嗣昌站起身来欣赏书房里的字画。

鹿善继问影子："皇上何时登基？"

影子答道："八月二十四日，年号崇祯。这不，刚忙完登基大事，皇上就命我来接大人。"

鹿善继微微一笑："本人才疏学浅，怎敢劳皇上青眼？而且皇上从来也没见过本人。"

影子说："你虽然没见过皇上，但皇上对你非常熟悉，他看过你的《示诸将》，也看过在辽东前线写的一些文章，他说，这人学识渊博，有勇有谋，清正廉洁，是个好官。所以在听说你拿着尚方剑大闹东厂诏狱的时候，就特别安排我来保护你。你当时胆子也太大了。你一介五品员外郎，在东厂诏狱持剑伤人，在东厂的历史上还是第一次，虽说你有尚方剑，他们也不会放过你。"

鹿善继说："原来如此。感谢皇上隆恩。"

影子说："皇上刚刚登基，正缺人手，你回去帮他，就是最好的感谢。"

鹿善继的病虽然没有痊愈，但碍于皇上对他的器重和保护，他也不好再推脱了，于是他说："好吧，也只能'士为知己者死'了。你们今天累了，休息一晚，咱们明天回京城。"

影子说："这恐怕不行，皇上现在是孤家寡人一个，满朝都是阉党的人，离不开人保护。务必今天回京。请大人见谅。"

鹿善继想了想，也是。于是他找来太公，让家人匆匆准备了午饭，吃完饭，简单收拾了一下，就乘车回京了。

时序已是 1627 年的九月初，路边杨柳树的叶子已经开始脱落，田野里的庄稼大都收割完了，庄稼人都在阡陌上翻耕土地，准备播种麦子，种下明年的希望。有的地块麦苗已经出土，远远看去一片新绿。辇车在范阳道上急驰，扬起漫天尘土，引来田野上农民的注目。鹿善继则是想起两年前从山海关回归故里，恍如隔世。这次回京，他没来得及和孙承宗打个招呼，心里有些遗憾。

路上，鹿善继总觉得气氛有点凝重，影子在前面驾车，车厢里，当年无话不说的同事杨嗣昌也一直沉默不语，鹿善继沉不住气了，就问："皇上刚刚登基，他从哪儿着手进入角色？"

杨嗣昌看了他一眼："卧榻之侧，岂容他人鼾睡。"

"明白了。"

"要不，干吗急急忙忙接你回去？"

鹿善继心里一下子沉重起来，一路上两人各怀心事，再也没有说话。

进了京城，已是入夜，半路上，杨嗣昌下车了。直到这时，鹿善继才逋住机会问了一声："孔澜在哪儿？"

杨嗣昌说："你是说贾鸿洙？那家伙现在是陕西提学，风光得很。"

鹿善继本想先把行李放下，明天再去觐见皇上，但影子说："皇上有旨，让你一到京就去见他。不管多晚。"鹿善继无奈，只好任他把辇车开进紫禁城。

一进紫禁城，鹿善继忽然感到一股巨大的悲哀。他当年的好友杨涟、左光斗、魏大中、周顺昌，都被魏忠贤迫害致死，如今回到朝廷，还能找到几个水乳交融的挚友呢？一种不可言说的孤独感向他袭来，他甚至有点后悔回来了。

影子把他带到乾清宫御书房，一进门，一个身穿便袍，头戴便帽的年轻人正在明亮的烛光下批阅奏章，见他们进来，赶忙站起来，笑着说："伯顺先生，你来了？"

鹿善继一看，就知道这是刚刚登基的崇祯皇上，赶忙上前行叩拜大礼。崇祯伸手拦住他："这里没有外人，不必多礼。你来了，我很高兴，身体调理得怎么样?"

鹿善继回答："感谢皇上挂念，好多了。"

"那就好。知道你身体不太好，暂时给你安排了一个闲职，尚宝寺卿，级别不是太高，等你身体好了，再做调整吧。"崇祯指了指旁边的椅子："坐下说话。"

鹿善继打量了一下这位刚刚登基的皇上，年轻，据说才十七岁，但身上的稚气已经褪去，两眼炯炯有神，说话干净利落，也显得很有城府。从夜间还在批阅奏章来看，还算勤政。这使他有些欣慰。

只听崇祯说道："寡人刚刚登基，头绪繁多，诸多牵绊，你一边养病，身体情况允许的时候，帮朕做些事情。"

"谢皇上倚重。我会尽力的。"

崇祯还想说什么，忽然对影子说道："你看，忙得晕头转向，忘了用膳了。天不早了，传膳吧。"又对鹿善继说，"先生也一块儿用膳吧。"

鹿善继说："谢皇上。我刚进京，还没回家。"

崇祯说："也好，有事以后再说。你有腰牌是吧？身体方便的时候，可以随时来见朕。这几天，先让杨嗣昌陪你，他也是刚刚回来，还没安排职务。"

鹿善继告辞，崇祯把他送到乾清宫门口，让影子送鹿善继回东城的家。

第四十三章　神秘的访客

鹿善继到了东城的住所，洗漱一番，吃了佣人做的简单的晚饭，走进书房，研好墨汁，铺开纸张，刚要继续《孟子说约》的写作，大门响了。他赶紧去开门。门开了，闪进两个戴面罩的人，随他走进客厅。客人摘下面罩，鹿善继一看，顿时吓了一跳，赶忙跪下行礼："参见陛下！"

来人正是不久前才见过的崇祯皇帝，崇祯皇帝身后，则是影子。

因为事关重大，君臣之间要谈朝廷大事，鹿善继行参拜大礼，崇祯也没拦他。跪拜完了，崇祯坐下，指了指旁边的椅子："坐下说话。"

鹿善继坐下，崇祯笑了笑："深夜造访，有些唐突，事关重大，不得已而为之。——知道朕此行所为何事？"

"知道。"

"嗯？"

因为半路上和杨嗣昌有过只言片语的交流，鹿善继早已热血沸腾，他的几位好友都死在阉党的手中，如此深仇大恨他岂能无动于衷？大明朝的国祚在此一举，他更不能冷眼旁观，面对这位年轻皇帝的信任，他决定参与其中，绝不能置身事外，而且在一路上的沉默中，他对今后的斗争策略也产生了一些想法。于是他说："但凭陛下驱使。"

"不知对此有何见教？"

"见教不敢。原则是稳住首恶，削其羽翼。"

崇祯笑了："所见略同。具体做法？"

"一松一紧，张弛有度。有打有抚，迷惑其间。"

"正合朕意。我们来商量商量具体办法。"

两人想法契合，洽谈甚欢，不知不觉已是夜深了，影子走进来，崇祯起身告辞。

鹿善继拱手相送："明天我就去尚宝寺报到，然后去乾清宫。"

崇祯说："不必去尚宝寺报到。为了你的安全，最好门也别出，不要让人知道你回来了。有事我会让杨嗣昌跟你联系。"

"那陛下岂不是孤军奋战？"

"你要知道，太监的权力都是皇上给的，他们暂时还不敢把我怎么样。再说，一旦有什么事，我还有影子呢。"

崇祯上车，这时候，鹿善继才发现，崇祯乘坐的竟是一辆普通的轿车。

有了鹿善继和杨嗣昌两个人，崇祯心里有了些底气。第二天，魏忠贤上疏辞去东厂提督之职，回家养老。崇祯把他找来，劈头就问："先皇在世的时候，你尽心竭力，帮他打理朝政，干得有声有色，井井有条。我一登基，你就辞职，是不是对我有什么戒心？"

魏忠贤听了，赶紧跪下说道："老奴对陛下绝无二心，只是年纪大了，想歇歇心。"

崇祯笑了："你才六十岁，就敢说年纪大了？"转而又故作神秘地说，"告诉你一个秘密：先帝临终遗言，要想保住皇位，必须信任一个人——魏忠贤。帮不帮我，你看着办吧。你要真的不想帮我，我马上放你走人。"他知道魏忠贤并不想放下手中的权力，只是试探而已。

果然，魏忠贤重新跪下说道："既然陛下如此信任老奴，老奴一定掏心掏肺，肝脑涂地，帮皇上办事。"

出了门，魏忠贤笑了。看来，崇祯还不想动他。崇祯真要是容不下他，量他一个十七岁的小屁孩也不是他的对手，他手里有锦衣卫，有东厂，满朝文武也基本上都是他的人。不过，他不想篡位，他知道自己当不了皇上，他只想控制皇上，这样相安无事是最好的局面。

乾清宫，崇祯笑了，第一个回合开局还算顺利。

九月初三，先皇的奶妈客氏提出辞职，崇祯想了想，把魏忠贤叫到乾清宫，对他说："客印月提出辞职，我想，她是先皇的奶妈，本来在先皇断奶之后就应该辞退，可是先皇离不开她，就一直留在宫中，而且封为奉圣夫人，现在先皇驾崩，她也是时候离开了。不过，她是你的对食，我想听听你的意思。"

魏忠贤何等聪明，皇上已经把话说明白了，她是时候离开了，征求他的意见，只不过是给他一点面子，他没得选了，心里再不愿意，也只能顺着皇上的意思说："她没有理由待下去了，让她离开吧。"崇祯点点头："那就按照你的意思通知她吧，朕准了。"

接着，崇祯递给魏忠贤另一份奏疏，是司礼监掌印太监王体乾的辞呈。王体乾是魏忠贤的铁杆，就是把王安挤走以后，接替王安当上了司礼监掌印太监的那个人。崇祯知道，这是一个精心设计的步骤，如果崇祯同意，魏忠贤就知道了崇祯的真实意图，他就将采取行动。崇祯假意看了看王体乾的辞呈，郑重地说："朝廷重臣，怎能随意退休？不准。"魏忠贤听了，再一次放心了。

十六日晚上，杨嗣昌带来了都察院右副都御史杨所修的一份奏疏，弹劾兵部尚书崔呈秀、太仆寺少卿陈殷、延绥巡抚朱童蒙、工部尚书李养德。弹劾的理由是，这几个人的父母都去世了，都没有回去守孝，全部"夺情"了，不合孝道。

鹿善继看了，颇费了一番思量，这几个人都是阉党，而弹劾他们的杨所修也是阉党，杨所修这是要干什么？试探？他不是魏忠贤的骨干，轮不到他来干这事。内讧？可他弹劾的内容又不是什么大事，而只是"孝道"这鸡毛蒜皮的小事。只能是撇清，撇清自己和这几个阉党不是一路人。鹿善继把自己的想法说给杨嗣昌。

杨嗣昌点点头："皇上也是这么想，但被弹劾的几个人都提出了辞呈。"

"那就乘机打掉魏忠贤的几个党羽。"转而一想，几个人同时辞职，这里头恐怕就有魏忠贤的意思了，"崔呈秀是老家伙的骨干力量，那就给他留下崔呈秀，以安其心。"

杨嗣昌说："你和皇上商量过这事？"

鹿善继说："没有啊。我这不也是刚刚见到杨所修的奏疏吗？"

"那就只能是英雄所见略同了。"

鹿善继说："告诉皇上，要痛斥杨所修一番。"

魏忠贤一直怀疑这件事是皇上主使。

一天后崇祯做出批复，痛斥杨所修，用区区小事扰乱视听，干扰朝政。魏忠贤打消了皇上主使的怀疑。

戏码一个接着一个，崇祯冷静应对。

九月二十五日，魏公公的铁杆，江西巡抚杨邦宪上疏，大力赞扬魏忠贤，并提出在江西为魏再建一座祠堂。魏忠贤听崇祯的贴身太监告诉他这事，当即慰问了杨邦宪的祖宗十八代，蠢货！也不看看这是什么节骨眼上，上这样的奏疏，这不是把我往火坑里推吗！他跑到乾清宫，痛哭流涕地跪下向皇帝说，修生祠是错误的。希望一律停止。崇祯莞尔一笑说：”如果没修的就别修了。但如果批准的，不修也不好，还是接着修吧。”崇祯的话，让魏忠贤一头雾水，皇上对修生祠是赞成呢，还是不赞成呢？这让他心里没底。

十月，工部主事陆澄源上疏，弹劾兵部尚书崔呈秀，以及魏忠贤。陆澄源不是阉党人，也不是东林党人，他出手，就是要豁出去了。

消息传到崔呈秀的耳朵里，他立即察觉到这次的弹劾不同于上次杨所修的弹劾，他感觉到了事态的严重性，立马提出辞呈，崇祯倒也爽快，当下就批了。崇祯知道，是该动真格的时候了，于是大笔一挥：“准。”

杨嗣昌给鹿善继带来了崔呈秀倒台的消息，鹿善继听了，开心地笑道：“胜券在握了。但要告诉皇上，不着急动老太监。”

“为什么?”

“要等朝中大臣对魏忠贤的弹劾形成气势，到时候就摧枯拉朽了。”

“还要等多长时间?”

“用不了多久。大臣们都在观风，谁是傻子？崔呈秀的倒台，大家马上会看出风向。”

杨嗣昌说：“对了，客氏这几年在后宫干了许多令人发指的事情，皇上要抓她，让我问问你的意思，毕竟你们是老乡，又是你把她送进宫里的。”

“谁犯的罪谁承担。”

果然，在崔呈秀倒台之后，情势逐渐明朗，弹劾魏忠贤的奏疏雪片似的飞到崇祯的御案上。

崔呈秀的离职，也让魏公公嗅出了一种不同寻常的味道，他最得力的干将倒下了，让他有一种独木难支的感觉。完了，完了！他和崇祯博弈的棋盘上，车、马、炮、相都让崇祯吃掉了，只剩下一些没有过河的卒子，还有他这个老“将”，他第一次发觉大势已去，无能为力了，权倾朝野的九千岁，终于没能斗过一个十七岁的小屁孩。可他不甘心啊！他派人去找东厂提督田尔庚，田尔庚捎回来一句话：“认输吧，别再作无谓的挣扎了。”

十月二十五日，国子监学生钱嘉征上疏弹劾魏忠贤十大罪，和其他应景的奏折不一样，这份奏折锋芒毕露，字字犀利，有点类似当年杨涟的檄文。

魏忠贤得到消息，十分惊慌，立即进宫面见崇祯。他跪下哭着对崇祯说：“皇上，老奴实在是干不动了，请皇上恩准，让老奴过几天清省日子吧。”

崇祯黑着脸说：“真的不想干了?”

“真的不想占着这个位子了。”

“好吧，那你收拾收拾东西，到凤阳给老朱家看坟去吧。”

经过两个月真真假假、虚虚实实的对弈，崇祯胜利了，把不可一世的九千岁魏忠贤扫进了历史的垃圾堆里。

第四十四章　阉党覆灭

鹿善继按照崇祯的旨意，在家里老老实实地隐居了两个月，十月底，到尚宝寺报到之后，到乾清宫觐见了崇祯。两人分享了胜利的喜悦。

第二天，杨嗣昌来到鹿善继在东城的住所，他说要带领鹿善继去看看他的老乡客氏。鹿善继曾经不断地听说客氏的风言风语，早已心生厌恶，但她毕竟在魏忠贤面前保护过自己，这一点好处他还是要记得的，见一见也好。

杨嗣昌把他带到浣衣局，这是皇宫里专门洗衣服的地方。

这里是脏水和女人的天下。一进门，就看到一个角落里，几个女工正在殴打一个披头散发的女人，女人趴在地上，一边挨打，一边哀嚎，见到鹿善继，好像见到了救星一样，跪着爬到鹿善继跟前，哀号着："恩人救命！"

鹿善继仔细辨认，才认出是客氏。客氏已经没有了往日的光鲜，往日的丰满变成了臃肿，一身破烂不堪的衣服，和她的身体形成了强烈的统一。看来人的精神面貌和他的处境是绝对一致的。圣奉夫人往日的靓丽和今天的不堪是对立统一的。鹿善继蹲下身来，对眼前的女人说："我很感谢你这几年曾经保护过我，今天是想来对你说声谢谢的。救你也可以，但世界上的事情都绕不过一个理字，王安会答应吗？皇后的儿子呢？慧妃的儿子呢？容妃的儿子呢？被你打入冷宫致死的裕妃呢？他们答应吗？出来混，总是要还的，要了好几个人的性命，不受报应，是不可能的。你还吧，还清了，自然就解脱了。你要是逃不过这一劫，我会来给你办理后事。”说完，站起身来，拉着杨嗣昌，头也不回地走了。

不几天，客氏死于女工的乱棍之下。鹿善继兑现了他的承诺，为客氏在老家定兴县谭城村修了一座很气派的坟墓，毕竟是皇上的乳母，又有“奉圣夫人”的封号，鹿善继风风光光把她安葬了。

过了几天，杨嗣昌又来找鹿善继，说是去给魏公公送行。

到了魏忠贤在紫禁城外的住所，魏公公的行李已经打点完毕，要出发了，他搜刮来的财宝，整整装了四十多辆大车，在大街上排了长长的一串。按照崇祯的旨意，要去凤阳给老朱家守陵。见到他俩，魏忠贤沉下脸，问道：“你们来干什么？”

鹿善继呵呵一笑：“九千岁劳苦功高，你要走了，我们来给你送行。”

魏忠贤也呵呵一笑：“看我虎落平阳是吧？”

杨嗣昌说：“是想看看魏公公此刻作何感想，看来是风光依旧啊。”

鹿善继走到魏忠贤身前，一本正经地说：“魏公公，我们认识不是一天两天了，你要走了，我是想跟你说几句话，一个人，在他得势的时候，不要把事情做绝，给自己留条后路。当年你一人之下，万人之上，皇上都要让你三分，你把东林党人赶尽杀绝，到现在自己也落得个万劫不复的下场，都是咎由自取。这就应了那句话：‘苍天饶过谁？’时日无多，好好珍惜吧。”

这时，一个小太监走过来，手里拿着一份文件。

魏忠贤问：“什么事？”

小太监答道：“皇上命赵南星复职的诏书。”

小太监是习惯性地来请示，魏忠贤已经失势，也知道这事自己不该管了，但刚刚受了杨嗣昌和鹿善继的奚落，想要扳回一局，让他们看看自己虎倒威风在，于是就说：“他还在代州是吧？让那老家伙在老山背后待着去吧。”说完，跨进车里，走了。

杨嗣昌回到乾清宫，把魏忠贤的话汇报给了崇祯，崇祯一笑：“一个落水狗，还想干预朝廷的事！”扭头对影子说，“追他回来。”

魏忠贤走到阜城县，住在一家破旧的旅店里，听说了皇上派人来追他的事，当晚在旅店里自杀，结束了罪恶的一生。

临分手的时候，杨嗣昌对鹿善继说：“不能再陪你了，明天我也要走了。”

“去哪儿？”

“洛阳。”

“什么职务？”

“河南副使。”

“那好，保重。”说罢，两人告辞。

鹿善继回到住处，一进门，就看到茅元仪在等他，他随口问道：“你怎么来了？”

茅元仪说：“新皇继位，我来进呈《武备志》，遇到了王在晋，当年他在辽东被孙阁老弄得下不来台，赶回了朝廷，一直心里不舒坦，见到了我，他就把我当成出气筒，说我傲上，就把我流放了。”

“流放到哪儿了？”

“你们老家。”

鹿善继一听，笑了。这个王在晋，还真有意思，把孙承宗的下属流放到孙承宗另一个下属的老家，这明显是要给孙承宗个脸色看看，可怎么看都像是在和孙承宗开了个不大不小的玩笑。唉，这老家伙！

鹿善继止住笑，说道：“好啦，先住下吧，明天我派车把你送回老家，不愁吃，不愁喝，好好玩儿。想怎么折腾就怎么折腾。没人管你。”

“可我的差事……”

“等你玩够了我再给你安排。”

几天之后，听说要庭审许显纯，鹿善继凭着手里的腰牌，走进刑部的大堂。

审讯的程序正在一步一步地进行。主审法官宣布许显纯的桩桩罪行：残害六君子、七君子，在监狱里使用酷刑，用锤子砸断人的肋骨，用铁钉钉人耳朵、钉人脑袋。另外，他还有一个嗜好，每杀一个人，都要把喉结割下来，留作纪念……

在一顿庭杖之后，许显纯供认不讳。

然后是证人出庭做证。证人是七君子之一黄尊素的儿子黄宗羲，此人以后会成为中国儒学史上一个重量级的人物，清初三大儒之一。

证人做证之后，法庭做出判决：杀！

许显纯虽然视别人的生命如草芥，但他也不想死：“你们还不能杀我，我是外戚!”

这时，黄宗羲走向许显纯，手里拿着一把锥子：“你是外戚？就凭你的罪过，内戚也不行。”说着，拿锥子向许显纯身上狠狠扎下去。许显纯顿时发出一声歇斯底里的哀嚎。黄宗羲才不管他的哀嚎，满腔的仇恨、复仇的快感，让他停不下来，他痛快淋漓地把仇恨释放在许显纯身上，一下，一下，直到许显纯奄奄一息，法官才站出来制止了他。

在黄宗羲扎他的时候，许显纯一直向着鹿善继发出求救的目光，这时鹿善继走到他的身边，许显纯还在有气无力地说：“老乡，救我。”

鹿善继蹲下身来，对他说：“其实，作为老乡，我救过你。还记得吗？两年多以前，在东厂诏狱，我刺过你一剑，那就是告诉你，不要太过分，做事留一线，日后好相见。可你不理解，还派人杀我，弄到如今，血债累累，罄竹难书，让我怎么救你？你好自为之吧。”

经过半年眼花缭乱的操作，阉党终于土崩瓦解。二百六十多个阉党成员，有的凌迟，有的杀头，有的入狱，有的流放，有的充军，有的撤职。一场荡气回肠的大戏就此落幕，是崇祯以他的聪明才智和阉党较量的一个历史性胜利。

鹿善继是参与并目睹了这场大戏的全过程，落幕之后，他对崇祯产生了全新的认识，他觉得崇祯能够成为一个尧舜般的中兴之主，未来可期。他在给张石林的信中就写道：“圣上雄姿英发，掩映二祖，中兴大业，拭目可待。”

第四十五章　“一生事业总成空”

崇祯收拾完了以魏忠贤为首的阉党，开始充实朝廷的机构，六部、中书的人选都已经敲定，辽东，这个让他心心念念放不下的地方，让谁去守？他自然而然地想到了袁崇焕，宁锦大捷的硝烟还未散尽，袁崇焕虽然去职回了东莞老家，但他战胜了努尔哈赤、皇太极父子两代的事迹一直挂在人们的嘴边。于是，崇祯大笔一挥，任命袁崇焕为兵部尚书、督师蓟辽。

七月，袁崇焕在老家东莞憋屈了两年之后，来到朝廷接受任命。

在他接受任命的十天后，宁远发生了兵变。原因是好几个月没有发饷银了。

大兵们把辽东巡抚毕自肃绑了。毕自肃刚刚上任，巡抚衙门没钱。他的哥哥毕自严是户部尚书，是管钱的部门，他上任的时候管他哥哥要钱，但他哥哥的衙门也没钱，他只好空手来上任，他也只能被大兵们绑了。后来他的部下东挪西借凑了几万两银子，才把他救出来，已经被打得奄奄一息了。但他是一个实实在在的人，总觉得这次兵变是自己的责任，于是找来一条绳子，自缢而死。昔日的定兴县令，礼部主事，我们的老朋友，就这样埋骨辽东，从我们的视线中“淡出”了。

几天后，蓟辽督师袁崇焕来到辽东，来的时候，他向崇祯要了一些钱，处理了兵变，发了饷银，军心暂时平息了，征得崇祯同意，他又对部下的将领重新做了安排，赵率教出任山海关总兵，何可纲任宁远总兵。

同时，同样是在沈阳憋屈了两年的皇太极也出动了，先前的宁远之战，让努尔哈赤一命呜呼，后来的宁锦大“劫”又令他折戟沉沙，作为后金的统帅，这口气他实在咽不下去，他又要出征了。不过，这次出征和以往的出征不同，以往的出征，目的只是抢掠，抢粮食，抢财物，抢人口；这一次，他已经在投奔他的汉人官员帮助下，建立了政权构架，或者说建立了国家机器。所以这一次的出征，是要推翻明朝政权，以自己的政权取而代之。

皇太极不同于他的父亲，他是一个有战略眼光的政治家，军事家，他知道关宁防线有重兵把守，所以他不走辽西走廊，崇祯二年十月，他率十万大军，绕道辽西、蒙古，跨过长城，直奔蓟州，于十月底到达遵化，一下子占领了遵化、滦县等四个县城。袁崇焕还在辽东，得到消息，感觉被动了，急忙派赵率教率山海关所属部队迎击，但小股明军一经接触就被皇太极吃掉了，赵率教也陨落于遵化。袁崇焕知道事态严重了，如果皇太极只占领几个县城倒也不是什么大事，但如果攻打京城，威胁到朝廷的安全，那就是天大的事了。所以他只好亲自率部队前来。这时候，皇太极已经在向京城进发的途中，试探地在郊外转悠，顺手干他的老本行——抢掠。袁督师两次让后金吃亏，都是在防守，一次是宁远，一次是锦州，城上有大炮，面对血肉之躯的骑兵，轰就是了。但是如果正面排兵布阵的话，虽然他的关宁铁骑很厉害，但面对后金的骑兵，他也没有必胜的把握。于是他改变打法，创造有利于自己的条件，只在后面追击，而不正面接触，希望把皇太极逼到京城城下，在城墙上以火炮防守，消灭敌人有生力量。

但袁督师此举，给了别人许多想象的空间，后金大军压境，身为督师为什么不打，只在后面追而不击？他是否已经叛变？和敌人勾结，危及京师？不仅百姓这样想，大臣这样想，面对如此诡异的形势，以崇祯皇帝的智商，他就不会这样想吗？

后金军队到达遵化的消息激起朝野巨大的震动，鹿善继感到大事不妙，遵化距京城不足二百公里，基本上是一马平川，无险可守，京城危矣！为应对后金军队攻城，经过认真地思考，他写了一篇《城守议》，然后，鹿善继急忙去了乾清宫，觐见崇祯，他建议紧急召回孙承宗，他向崇祯保证，只有孙承宗有把握击退后金军队。崇祯自然知道孙承宗，守辽四年，朝廷宴然，百姓安然。崇祯立马写了一份诏书，命孙承宗立即回朝。他把诏书交给鹿善继，说道：“有劳先生辛苦一趟。”鹿善继接过诏书，对崇祯说：“茅元仪已经在我们老家流放了一段时间，不如让他协助孙阁老退敌，此人还是具有一定军事才能的。”崇祯说：“此事由你作主。”鹿善继又把《城守议》交给崇祯，崇祯浏览了一遍，连连说道：“好，很好，留在我这儿吧。”崇祯扭头对身边的小太监说：“给先生备车。”鹿善继说：“我有车。”崇祯说：“还是乘辇车吧，以示尊重。”

鹿善继风风火火地出发了。第一天他先到西江村，让茅元仪做好准备，第二天上午赶到高阳县孙承宗家里。孙阁老见皇上派鹿善继用自己的辇车来接他，很受感动，知道情势紧急，救国家于危难之中，是一个大臣责无旁贷的事情，他二话没说，下午就随鹿善继出发了，在西江村休息了一晚，第二天一早就匆忙赶赴京城。崇祯也不含糊，当即任命孙承宗为内阁大学士，兵部尚书。

11 月 16 日，皇太极终于向京城进发，这正中袁崇焕下怀，他要的就是皇太极兵临城下，自己从城墙上用大炮防守，于是他也率部开赴京城。第二天，当袁崇焕前脚到达京师城下的时候，皇太极的兵马后脚就到了。这一下，城里的居民、朝中的大臣，当然还有崇祯皇帝，对他的猜疑又上升了一个档次，是你，把后金的军队带到京师城下，你还有什么话说？但袁崇焕没有想到这一层，他想到的只是用大炮说话。有人曾教导我们说，只做自己想做的事，不要管别人怎么看你。但是在现实生活中，不顾及别人的看法还真的不行，有时候会产生严重的后果。

皇上召见袁崇焕，孙承宗也在座。袁崇焕看到自己的老上级孙承宗，更加信心十足，他向孙承宗点了点头，又拱了拱手，然后汇报了军情，最后向崇祯提出了要求：我的部队要进城，从城墙上防守！崇祯心里“咕咚”一下，这一要求，坐实了袁崇焕叛变的猜想，不过他没表现出来。

孙承宗听了，心里也是“咕咚”一下，如同挨了一发大炮。完了完了，袁崇焕哪袁崇焕，你怎么还是那么我行我素？你不知道自有明以来，朝廷就有规定，边防军队不能进驻京师城下吗？那是死罪！何况你还想进城，你这不是往枪口上撞吗！

崇祯皇帝当即拒绝！

孙承宗惴惴不安！

十一月二十日，皇太极从南北两个方向，向京城发动了进攻，南城进攻广渠门，北城进攻德胜门，南北各五万人。袁崇焕在皇上那儿碰了个硬钉子，无奈只能在城外排兵布阵，亲自率九千关宁铁骑，对阵广渠门外五万后金军队，经过拼死搏杀，竟然迫使后金军撤退。十一月二十七日，皇太极心有不甘，进攻左安门，袁崇焕又以悬殊的兵力取得了决定性的胜利。

皇太极取胜无望，率部队撤回遵化，他占据着遵化、滦城、迁安、永平四城，希望以这四城为根据地，日后卷土重来。但是他没想到明朝还有一个他的老对手孙承宗，孙承宗接到命令，率包括马世龙、茅元仪在内的二十多人直奔遵化，纠集了原辽东系的两支人马，几天之内，把皇太极的四个县城连锅端了。捷报传到朝廷，崇祯高兴之余，嘉奖了孙承宗，同时也没忘了鹿善继的举荐之功，升任他为太常寺少卿，管光禄寺寺丞事。

十二月一日，崇祯把袁崇焕打入监狱，解任听勘。

第二年，也就是公元 1630 年 8 月 16 日，崇祯最终决定杀掉袁崇焕，凌迟处死。这天，蒙蒙细雨洒落在石板铺就的街道上，愚昧的民众在街道两旁大声地辱骂着。袁崇焕不为所动，昂首挺立，似乎在抗议老天的不公。执刑的过程惨不忍睹，我们只记住袁崇焕临刑时的几句诗就够了：

一生事业总成空，半世功名在梦中。
死后不愁无勇将，忠魂依旧守辽东。

老实说，我真的不愿意讲述袁崇焕这次复出之后的际遇，一个忠心耿耿为朝廷守卫辽东，并且立下赫赫战功的文官，最后竟然被他报效的朝廷凌迟处死，而且他效忠的是明朝最后一位皇帝，没有人给他平反昭雪，以致几百年来人们对他争论不休。我真想利用小说虚构的手段为他虚构一个好的结局，但是历史的轨迹就是这个样子，我又不想“戏说”，只好如实讲述了。

第四十六章　江村渔隐

让我们把时间退回到八个月之前，也就是袁崇焕下狱之后。鹿善继从孙承宗口中得知了袁崇焕被崇祯打入监狱的消息，他的心猛然沉到了谷底，他不敢相信这是真的。一个单枪匹马走辽东，回来以后，敢于说“予我兵马钱谷，我一人足守此”的袁崇焕，会是叛徒？一个在高第下达撤回关外军队，退守山海关的命令时，敢于违抗命令，坚守宁远，重创后金铁骑，重伤努尔哈赤的袁崇焕，会背叛朝廷？即使他想勾结皇太极，皇太极会接受他吗？那可是杀父之仇！一个创造了宁锦大捷，把皇太极打回沈阳的袁崇焕，会投靠后金？在崇祯拒绝了他进城，在城墙以大炮防御后金军队的要求无望之后，仍然以九千关宁铁骑对阵五万后金的骑兵，亲自上阵厮杀，多处受伤，舍生忘死保卫京城的袁崇焕，会被打入监牢，为什么？为什么？虽然鹿善继有过因为金花案被万历皇帝免职的经历，但对于为朝廷立下过如此功勋的袁崇焕下狱，仍然难以接受。

纵然朝廷有规定，边防军不能驻扎京城城下，但情况紧急，总可以有个变通吧？虽然你拒绝了袁崇焕的要求，袁崇焕仍然在城外排兵布阵，以少胜多，足见他对朝廷的忠诚了吧？

就因为他为了更有力的防御，没有在城外迎击皇太极，就因为他提了个进城防御的要求，而遭受如此待遇，鹿善继无论如何也想不通，他觉得浑身发凉，不寒而栗，脑海里突然蹦出几个字："伴君如伴虎!"

自此，他对崇祯的看法，产生了一百八十度的变化。

由于心理上的障碍，鹿善继有好一阵子没有去见崇祯了。好在崇祯给他的品级不低，但仍然是个闲职，事务不多，所以他正好利用这段时间著书立说。春天到了，天气一天一天暖起来，他的痰疾又犯了，延医多日，至夏初也不见好，在心理和疾病的双重折磨下，他突然萌生去意，如此君王，不伴也罢。于是，他写了一道奏疏："当戒严之时，无病而谬言病，谓之避难，固非忠臣；之所以事君嫌避难之迹，有病而不言病，谓之贪荣，亦非志士之所以自处。"

崇祯的批复倒也干脆："鹿善继素著清勤，起用未久，何得辄以病请，著即出供职，不准辞追。"

到了秋后，病未痊愈，八月，袁崇焕被凌迟，鹿善继去意益坚，于是再次上疏："即圣明不欲废臣，冀收溲渤之用，而臣卫生无术，自成废人，且苦久病，不能任官……"

这一次，崇祯总算是忍痛割爱，批准了，鹿善继的心一下子放下来了，浑身顿时觉得轻松了许多，立即打点行装，这朝廷，他一天也不想待了。他的老师孙承宗已经去了辽东，他没向任何人告别，第二天就放飞了自己，回到他的家乡江村。这是 1630 年的 9 月。

还是那条白沟河，在他眼里浪花欢快了许多，还是那条范阳道，在他眼里，顺畅了许多，还是那个江村，树长高了许多，房子整齐了许多，北海亭似乎焕然一新，北海似乎清澈见底，书房还是那间书房，书架上的书籍似乎都在发着光，对他笑脸相迎。唉，总算回来了，离开了朝廷，离开了那个是非不分、忠奸不辨的地方，心里踏实。是的，两代皇上对自己都不错，优待，尊重，先皇的师弟，崇祯的礼遇，在别人眼里，他是个特殊人物，但他要的不是个人的升迁荣辱，而是一个理字。他的老师这次去了辽东，首先巡视了一番，见各城各堡都完好无损，确定还是以防御为主，只是锦州地处前沿，孤立无援，于是在大凌河建城，和锦州形成互为掎角之势。但大凌河被皇太极拆毁了，朝廷里谗言泛滥，老师又成了众矢之的，看来又只能隐退了。袁崇焕被杀，老师要是也走了，那么，谁还为大明朝守护辽东呢？一旦丢了辽东，丢了山海关，那么，大明朝还有屏障吗？如此的朝廷，如此的官场，会把明朝的国祚延续下去吗？想到这里他自嘲地一笑：唉，位卑未敢忘忧国呀！

不过，既然回来了，还是退修六经吧。

太公见他回来，只是说了句："回来也好。"

鹿化麟正在讲课，忙着出来帮他卸下行李。

王氏夫人拿了把笤帚帮他打扫身上的尘土。

学员们纷纷走出来向他问候致礼。

鹿善继感到了一丝家的温暖。安顿好行李，就走出北海亭，他没有进村，直接向北走上田野，心里洋溢着恬适之感。麦苗已经绿满了田间，没有来得及运回家的玉米秸秆，散落在地头地脑，散发着秸秆的气息，这是他从小闻惯了的气息，即使在朝为官的日子，也从来没有忘记过。西边天上，火烧云烧出一片壮丽的画卷，让他驻足良久。渐渐地，心里习惯性地涌出一些诗句，逐渐形成了一首诗：

眼底风光任转移，江村何事不相宜。
田因得岁粮完蚤，心为无营睡起迟。
老圃向余夸旧学，小亭对客赋新诗。
放翁佳句真同调，有味清时秖自知。

放翁自然是陆游，“有味清时”是借陆游诗句“清时有味是归来”变化而来。

接下来的日子，他一边养病，一边忙着《四书说约》的写作，这是老师交给他的任务，也是讲学的需要。他要尽快写完《孟子说约》最后章节。每天写累了，他除了给学员们答疑解惑，就在北海边上钓鱼。这天他钓着钓着，突然，一幅“孤舟蓑笠翁”的画面浮现于脑海，灵光一闪，心想，这样的隐居生活倒也不错，他要给自己起一个号，钓鱼的隐士——啊，就“江村渔隐”吧。

转过年来，他的《孟子说约》写完了最后一个字。他扔掉毛笔，长长地舒了一口气，靠在椅背上，许久没有动弹。每天的奋笔疾书，使他劳累；大作完成，使他兴奋。劳累和兴奋叠加在一起，别有一番滋味在心头。他一篇一篇地翻看着用心血凝成的文字，像是在欣赏自己的孩子，他最喜欢的是《舜发于畎章》：

人恒国恒，人情物理，大率如此，天欲生人，安得不以忧患炼之。尝见两个人资质差不远，一个受过苦，一个不曾受，其本领便差远。

又见一般动忍，有越硬了的，有越软了的，都叫做比前有益，而承天意、负天意则分途矣。

忧患能增益人，总是翕聚而后能发散之理，龙场祠记发得痛快。

想想自己的经历，有感而发，自然畅快淋漓。

鹿善继起身，走出书房，觉得身体轻松，病好得差不多了，他要试讲，对一些观点做一些斟酌，然后再交给老师过目。

第四十七章　为师相贺寿

光阴荏苒，转年已经是崇祯五年，即1632年，孙承宗从辽东归来的第二年，壬申年正月二十五日，是孙承宗的七十大寿。作为学生，鹿善继自然要去给老师祝寿。他前一天从江村出发，绕过保定，再向东南方向走几十里路，就是高阳了。

高阳地处冀中平原，早春天气，田野上泛起一层厚厚的盐碱。冷风飕飕，刮起漫天的盐碱，让人睁不开眼。不多的几片麦田，麦苗儿在春风里无助地瑟瑟发抖。鹿善继心里惊叹着，这样贫瘠的土地上，竟然养育出孙阁老这样伟大的军事家、政治家、诗人，简直是个奇迹。

高阳县城不大，倒还坚固，进了城门，鹿善继来过几次，轻车熟路，很快来到孙承宗的家门。本乡的人士济济一堂，早已齐聚阁老的府邸，他们知道鹿善继和阁老的关系，热情地出来把他迎接进去。鹿善继见过孙承宗以后，便和大家闲聊起来。

第二天就是孙承宗七十华诞的日子。孙承宗穿着家里特地为他七十大寿准备的衣服，脸上像张飞那样炸开的络腮胡子修剪了，倒也像个慈祥的老头儿。大厅里，孙承宗坐在主位，身后挂着一个大大的“寿”字，这是鹿善继的手笔，是他装裱好了带来的。高阳本县的人士私下里嘀咕一番，推举鹿善继执爵，也就是主持敬酒、致祝酒词之类的事情，鉴于他和孙承宗的关系，他没有推辞，心说，幸好事先准备了一篇祝酒词。于是，他倒了三杯酒，先举起一杯，朗声道："五福先寿，而寿随人为量，古称寿国，又称寿民。壬戌之春，陷河西，毳帐抵关下，非先生督师，谁折八里铺筑城之议，而以车营十二，恢辽土四百里者？己巳之变，更不可言。骤起先生于家，东便门之出，慷慨一时，涕泣千古。试思惊疑之辽帅，岂容易来？盘踞之敌人，岂容易去？先生功在社稷，德在生民。即或淆于士大夫之口，而难泯于匹夫匹妇之心。国家所以待功臣者不敢知，而二祖列宗之灵，实式临之；国祚民生，藉衍无穷。敢以为先生寿！"

孙承宗听了，心里一叹，短短数语，把他的功劳、贡献大致勾勒出来，语言朴实无华，但把感情表达得淋漓尽致。孙承宗接过酒杯，但没有立即喝下去，只说："愿闻其次。"鹿善继再举杯说道："为国为民，儒者素志，而功德与受享参焉，有受享当以功德消之，有功德当以受享偿之。先生身为元老，未得一日安于纶扉，专从秦月汉关，分社稷之忧。其身系安危，无异汾阳、晋公。然穷奢极欲，不以贬郭；凉台燠馆，亦以娱裴。先生军中六载，餐沙宿草，寒士所不能堪。而有剑倚天，有囊贮月，师俭数椽，遂题相府。且时贤席先生之功德以自封殖者不乏人，独先生退然不居，世亦利其不居，未闻以茅土酬殊勋，且乘其偶不利，援衔亭例以贬武侯。人情尔尔，而天自有权，必有所以当先生者，寿可知也。谚有之云'减禄增寿'，此语似俚，实谙物理。敢以为先生寿。"

这一段祝酒词，诉说了孙承宗年过花甲，却连续六年在关外眠沙宿草，固守边关，对朝廷的安全做出了不可磨灭的功勋，超过了历史上的郭子仪、裴度、诸葛亮，许多人借此升官发财，唯独孙承宗不仅没有得到该有的肯定，反倒像诸葛亮失街亭一样被贬官，这段话借用典故，含蓄委婉，深刻凝重，深刻地批判了朝廷的昏庸无道。接着话锋一转，安慰寿星，上天是公平的，脱去俗世繁杂，正好颐养天年，增福增寿。语言符合场景，又振聋发聩，此乃大家手笔。孙承宗接过酒杯，还是没喝，说道："再闻其次。"鹿善继第三次举杯说道："此增彼减，乘除之数，先生岂受数范围而无所以自主者？尼父论寿，本之于静。养生家亦言静，独其功行每在蒲团。而仁者之静，非无事，惟无念；念不可无，惟无他念。所称他念，又非幻想影见，自起自灭，皆机触情生，实为理势所必至。试观，凡任一事，即有成有败，有喜有忌，有诽有誉，徬徨四顾，万念起矣。况事至于兵戎，兵戎至于呼吸存亡；又前人已坏之局，仓卒以付。接手易，凑手难，矢已在弦上，戈未必不在室中。国事与身名俱在不可知之天，而高议云台者，又梦不到此。吾非念，念自尽。谁使我尽者？吾无一念不尽；谁知我尽者？无一念不可使人知，而无一念必欲求人知。想象此际，宇宙寥廓，炯炯寸心，孤檠为友，此何境耶？先生自辽见怀，有'千古传心，半夜挑灯'之句，盖自写静境也。此境实万境皆空。人见先生鼎沸云扰之际，闻命就道而神不惊，萧萧书剑穿鸣笳、牧马以出而色不变，任人位置、受人揶揄而志不隳，抗天下之议决大计而意不疑，且功听人分，罪听人卸，以身殉国不见知而不悔。夫惊也、变也、隳也、疑且悔也，皆不静之本色所变现，而阴阳之患易乘以为祟者也。先生超然自胜，悠然自得，原是尝檗等于啖蔗，何害气之能侵？即治军劳苦，而形劳神不伤，神劳心不伤，间有采薪，旋当勿药耳。故丹经万卷，括于仁者‘静’之一言，而百二河山手玉镡，非先生之蒲团耶？”

这第三段祝酒词，鹿善继赞扬了孙承宗不计个人荣辱得失，专心国家大事的境界，这种“功听人分，罪听人卸”，宠辱不惊的精神境界，不正是修身养性的蒲团吗？

鹿善继还未说完，孙承宗接过酒杯，将三杯酒一饮而尽，同时也要本土士人也同饮三杯。他只说了一句话：“知我者，伯顺也！”高阳士人好评如潮，鹿善继皆以微笑对之。

当晚，孙承宗没有让鹿善继回定兴。人走了，夜静了，孙承宗把鹿善继叫到书房，拿出一沓书稿，对他说：“这本书虽然内容杂一点，但它勾勒了你的人生轨迹，很有收藏价值，建议你把它刊印出来，编排方面我做了一些改动，大体按时间、事件分编，共十五编，书名就叫《认真草》吧。我写了个序，你看看，不行再改。至于《四书说约》，这是你最重要的著作，是你一生的心血，我再仔细看一遍，然后再去刊印。”

鹿善继接过老师给他写的序，当即仔细看起来。他本来是想让老师看看值不值得刊印，没想到老师如此认真，不仅重新做了编排，还给他起了书名，写了序，这让他很受感动。只见老师的序言写道：

伯顺翛然清远，衷贮峨眉、姑射，至其驾驭长材，坚挺大节，招不来，麾不去，真有古大臣之风。当其矫发金花也，署掾环请曰：非专责，何苦认真？独烦一推署符尔，予快此语掾摹天下诿诿不任者，故题伯顺所著十五种书曰《认真草》。夫真起于别赝，而认真又起于赝之笑真，即如今天下谈兵媒进者赝尔。乃若屣铨司，驰塞上，对强敌者三年，习十万兵，携六七大将，行十城百万中，同二三友人，恢四百里封疆，同进者旅据大位，而身不拾一级，即圣明之世恬如也。将无真乎。渝水辽泽，疆阳却步，胡褰裳就之，顿历岁时。其护死忠诸君子，他人危之，伯顺不危，而亦卒不危，即金花逢上怒，大司农手战落出恚语，伯顺自若，韩稚圭不与人胆乎。予每题伯顺真材真品，伯顺亦称肝胆患不真，故其众推独任。众趋独辞，惟是真肝胆，而所至析利弊极精，酌古法极细，其夜思而旦营之，坐画而立继之行，所见极决，其与正人合，如金如石，极坚且久。口不骋黄马剧谈，即千里赫唬，率真手奏，其所许与录列，若夫扶孤减赋，洎司农司极司奉常、光禄中所执奏，行一意有少利归官归民，真视其身为公家有而不敢私。盖伯顺集不问菀枯，途不辞险易，力不程轻重，任不觏利害，以真心用豪杰之才，气沉而神潜，安得有私。……

鹿善继读罢，为孙承宗的这篇文字深深折服了，增加了他对刊印《认真草》的信心。他只回了老师一句话："深刻！知我者，师相也。"

到了十月，由孙承宗编排、作序的《认真草》刊印即成，这是一本集奏疏（包括代别人写的奏疏）、书信、揭帖等于一体，书中的内容摹画了许多事件的过程，鹿善继的态度、看法，等等，大体上勾勒出了鹿善继的人生轨迹。所以他的学生陈铉说："先生之行在《认真草》，而先生之学在《说约》"。

第四十八章　为往圣继绝学

转眼接手讲学已经半年多了，时序已是秋天，天气渐渐有了些凉意，庄稼成熟的气味已经吹到了北海亭，一呼一吸之间，让人有些陶醉。

鹿善继坐在北海亭的石凳上，如钩的明月挥洒着朦胧的清辉。他周围围坐着不少学员，宛如众星捧月，他喜欢这种场合，喜欢这种氛围，就像小时候，爷爷也是坐在这个地方，自己拿个小凳子，坐在爷爷膝前，问这问那，不在于爷爷解答的内容，而在于当时的环境和气氛。

自从他开始讲学以来，学员增加了许多，已经一百多人了，江村的农户里、寺庙里都住满了学员，自入秋以来，习习凉风赶走了夏天的燥热，他喜欢每天晚上在这里和学员们闲聊，聊稼穑，聊读书，更多的是聊学习心得。这一段日子，病好了，是他生命力勃发的日子，他醉心于这样的场景和气氛，月光照耀在学员们的脸上，每一双眼睛都洋溢着渴求，都是那么清澈单纯，就像嗷嗷待哺的孩子，他用自己的学说灌输他们，把“心”给他们，使他们破除惑、忧、惧，格物致知，知行合一，以全新的人格走向圣贤之路。这是他的初衷，也是他此生的意义所在。今天，他要给学员们讲一个“学”字。他说，自从他学了《传习录》以后。立志要担起传播王阳明学说的担子，力破流俗，一点一画，丝毫不敢偏差，既见信于天下，自己也觉得应付裕如了。到如今，习惯成自然，事到跟前，也不大费思考，自然知道事情该怎么处理了。把终身的学力放在慎独，无一时不内敛，无一时不内照，就会达到一个全新的境界。

他指着一个学员说，你讲解一下这个“学”字。

学员尴尬地一笑，我理解不了先生那么深刻。

鹿善继说，理解多少算多少，反正咱们也是闲聊。

学员说，我背诵一下先生的原文吧？

鹿善继说，也行。

“先生说，学字原有正经注脚，大学之道是也，以明德为头脑，以天下国家为着落，以诚意为把柄，诚意只是慎独，此外无学也。《中庸》天命之性，即明德也。天下万物即天下国家也。而戒慎恐惧同此慎独。此外无学也。孔子之所谓学，即子思之所谓教也。《论语》动言仁即性也，即德也。《孟子》动言心即性也，即德也。说德说性说天命，不似说心更易醒人，而又恐人据当下之人心以为心，故又曰良心，又曰本心，本心乃性也，乃德也。”

“好了，背到这儿吧。读到这儿，就明白了，学是什么？《大学》里讲得很明白，明德，德是什么？性也。性是什么？本心，又曰良心。所以圣人一直强调一个‘心’字。学是为了修心。人自出生以后，就被惑、忧、惧三般困扰，落得个穷也戚戚，达也戚戚，苦海无边，回头宜早。学中自有乐地，所乐何事，这正是洙泗真传，是无欲故静，是拨开群阴，扶起孤阳的本领。学，不是死读书，而是要在接人处事中学，在戒惧慎独中学，在报效国家中学。不在人伦上讨实际，要学做什么用？学者须要输心拼死向这上面求足色才不枉称学生二字。”

说到这儿，他又想到和魏学洢的一番关于学而时习之的对话，心里慨叹一声，唉，不知老友的儿子如今怎么样了？

眼看月影西斜，鹿善继刚要结束今天的聊天，院门打开了，一个风尘仆仆的人影走进来，问道：“是鹿善继鹿大人的家吗？”

学员们回答说是。

来人一下子坐在门口的一个碌碡上，长长地吐了一口气：“啊，终于找到了。”

鹿善继站起来。大家忙把来人扶到石桌旁坐下来，帮他卸下肩膀上的行李。鹿化麟给他倒了一杯水，他一口气喝下去，抹了抹嘴，才说道：“我叫黄适甫，从江西来。”他喘了口气，接着说，“听说鹿大人在家乡讲学，影响颇大，我家乡的生员委托我过来求教，回去讲给他们”。

鹿善继又给他倒了一杯水，问他：“你从江西一直走过来的？”

“不，我从江西带着一头毛驴，过了黄河，盘缠花完了，就把毛驴卖了，昨天走到保定，人们告诉我，还有不到一百里地，我就径直走过来了。”

鹿善继说：“真是辛苦你了。”

黄适甫看着鹿善继，问道：“你就是鹿大人吧？”

“鹿善继。”

黄适甫一下子站起来，向鹿善继叩头：“弟子黄适甫见过先生。”

鹿善继把他搀扶起来，让他坐下：“你还没吃饭吧？”

黄适甫不好意思地一笑：“没有。”

鹿善继回头对鹿化麟说：“让你母亲准备点儿饭吃。你把客房收拾一下，先让他住下，明天再做安排。”又对众多学员说：“大家先散了吧。”

学员们站起来，谁也没走，面对远道而来的新同学，大家十分好奇，围拢过来问这问那，直到王氏夫人把饭菜端上来。

……

几年来，他就这样一边讲学，一边写作，虽然忙碌，却也踏实，崇祯几次派影子过来看他，询问他的病情，让他病好了回去任职，但都被他婉拒了。崇祯八年，他的《四书说约》刊印成书，他看着这一包一包呕心沥血的作品，小心翼翼地取出一本，一页一页地翻看着，欣赏着，渐渐地，他睡着了。

让他睡吧。我们离开他的书房，回到我的书房。我的手里也有一本《四书说约》，是从一家书商那里买来的复制版，拿在手里沉甸甸的。四百年了，各地新华书店里竟然没有一本《四书说约》。这是一部重要的儒学著作，是用王阳明的观点，讲解四书的内容，这是一个创举。鹿善继倾其一生学习王阳明，传播王阳明，实践王阳明，发展王阳明。然而，这样的一部重要的著作，却淹没在历史的长河中，一个儒学界的重要人物，也淹没在历史的长河中。这是一个奇怪的现象，一个令人遗憾的现象。他的学生陈鋐在《鹿忠节年谱》曾有过一个中肯的评价：“阳明之后，其道在（罗）念庵，念庵之后，其道在先生（鹿善继），……假令阳明南面而享天下之崇报，如文庙比；则二先生配享，如颜、曾比。而龙溪、绪山诸君子应退处其下。”我同意他的这个说法，所以我在八十岁的时候，决意为他立传，目的是还鹿善继以本来面目，让他占据他所应该占有的位置。好在这几年鹿善继越来越引起人们的重视，研究鹿善继的文章越来越多，光我手里就有几十篇之多，有的甚至直言不讳地说，定兴江村是“被忽略的晚明王学重镇”，希望有更多的人对鹿善继及其作品进行研究、评价。这也是我的初衷。

第四十九章　生命的“火烧云”

“呜呼，公死矣！公不任兵而死兵矣。公不任城而死城矣。死何独公也？呜呼！师武臣不战当死，大吏拥兵不战当死，大司马奉上命不战当死，而公独死！州邑陷有望而去不死，发而逋不死，髠而降不死，泥首乞怜不死，而公独死，公何独死也？呜呼！”

这是鹿善继固守定兴城，城破战死之后，孙承宗从高阳赶来，呼天抢地，抚棺恸哭，字字血，声声泪，哭出的祭文。

崇祯九年，这时候，皇太极已经把国号改为清，女真族改为满族。清的军队再一次越过长城，对明朝发动进攻，他们辗转畿辅地区，蚕食各州县。七月上旬，清军已攻陷涿州，定兴眼看在劫难逃，鹿善继忧心忡忡。这天，北海亭来了几个本地的乡绅，他们对鹿善继说，清兵马上就要攻打定兴城，恰巧县令病危，百事无备，恳请鹿太常去县城，率领全县官兵百姓守城。鹿善继听了略一思索，说道：“请各位稍等。”转身出去了。

鹿善继草草做了安排：解散了正在上课的学员，留下黄适甫，对他说：“清兵很快就要打过来了，你立即回江西去吧，等安定了再回来。”给了他十套《四书说约》和一些盘缠，又从后槽牵出一头驴来。黄适甫正要推辞，鹿善继说：“家都要没了，还在乎一头驴吗?”然后又让鹿化麟套车，带着太公去容城县孙奇逢那里躲避一时。

车套好了，太公和鹿化麟坐上车，车夫刚要扬鞭，鹿善继突然跪在车前，朝着太公磕了三个头，说道：“父亲，孩儿自幼立志报国，如今县城危急，孩儿要去守城，作为朝廷大臣，不容推辞，此一去生死未卜，望父亲保重。就此别过。”

太公说：“好男儿理应志在报国，你安心去吧。纵使血洒城头，也当属我鹿门之幸。”

安排好这一切，他回到客厅，对乡绅们说：“走吧。”于是和他们同乘一辆车直奔县城。

定兴县城位于拒马河东岸，原名黄村，金大定六年置县，改为定兴。鹿善继来到县衙，与县令见面，县令确实病危，鹿善继抚慰了几句，然后在察院厅安排了一个办公地点。这之后，他的学生陈鋐来县城看他，记录了当时县衙的场面：“先生坐，少东二三老吏罗立，先生据簿执笔，俯首挥不辍。诸乡绅充溢两旁，博者言博，弈者言弈而已，未有一人伺先生所为者。既拉之同舟，而不复与之同心，亦独何哉?”

鹿善继集合几百人的守城部队，鼓励他们同心同德，英勇奋战，守护县城。又动员了几百名年轻力壮的百姓，共同守御家园。部署方定，七月二十二日，清军已经兵临城下，守城的战斗开始打响。

攻守双方战斗非常激烈。清军在弓箭的掩护下，把云梯靠上城墙，士兵顺着云梯往上爬。守城的士兵则用弓箭、石头往云梯上的士兵猛砸。三天之内，清军没有一个人爬上城墙，死了几十个人。三天之后，清军攻势不减，城墙上的石头砖头扔完了，填满了城外的护城河。鹿善继动员城内的百姓把家里的坛坛罐罐搬上城墙，迎击清军的进攻。到了第六天，城内弹尽粮绝，眼看守不住了，第一名清军爬上了城墙，然后用马刀扩大战果，接着更多的清军爬上城墙，击溃了守城的士兵和百姓，他们杀下城墙，打开城门，大批清军士兵拥进城里，很快就占领了全城。

清兵在城墙上找到了鹿善继，他们劝鹿善继投降，鹿善继昂首挺胸，怒骂不止："我堂堂明朝大臣，岂能投降你乱臣贼子！"清兵挥起马刀，向他砍了三刀，还射了一箭，鹿善继壮烈牺牲在守卫定兴城的战场上，但他的身躯依然挺立着，对清兵怒目而视。

一缕忠魂在定兴县城上空飘荡着……

此后的很长一段时间，清兵的巡逻队伍每经过鹿善继牺牲的地方，都能看到一个昂首挺胸、怒目而视的人影，令他们胆战心惊，退避三舍。

消息传到容城县孙奇逢家里，鹿化麟悲痛欲绝，立即动身去了定兴县城。太公听到消息时，鹿化麟已经走远了，他提笔写了一行字，让人送给鹿化麟："尔父求仁得仁，死亦何恨？尔不必作儿女子态也。"

十一月三日，鹿化麟奉鹿善继的遗骸回到江村，孙承宗已经到了江村，鹿善继的遗骨停放在北海亭，孙承宗见到鹿善继的棺椁，七十多岁的老头，悲从中来，抚棺痛哭，不能自持，好一会儿，稍稍平静了一点儿，涕泣中念完了祭文，把这些日子在巨大的悲痛中写的六十多首诗交给了太公，他实在念不下去了。

我从中选取了一首《鹿太常》：

天下尚在鹿太常，十年九死天茫茫。
当辽千里狡口遁，立朝百折不挫强。
金花奏居雷霆下，天子明圣名更芳。
如何围人一不戒，烟尘纷起畿南疆。
太常许为庸人守，百不备一拳空张。
大人小人岂不惨，杀惨犹或遗忠良。
岂如此番大惨烈，太常一死天无光。
予每屈指计平治，应需十辈定纪纲。
太常其一数难满，太常亦死又何望。
即使太常岁满百，亦终一死死何妨。
独是当今望平治，时非殄瘁人云亡。
家居自好需绸缪，纤儿撞破忠良当。
狡口一入空人国，杀尽纤儿何足偿。

几天以后，上千人的送葬队伍，一路痛哭着把鹿善继送到村南的鹿氏祖坟，埋葬在了他的爷爷，侍御公鹿久征的墓旁。王阳明的传人，一代大儒鹿善继在把他的生命燃烧成一片绚丽的火烧云之后，给他的人生画上了一个完整的句号。

随后，朝廷下旨，赠鹿善继大理寺卿，谥忠节。

2023 年 5 月 19 日　初稿于听竹庵